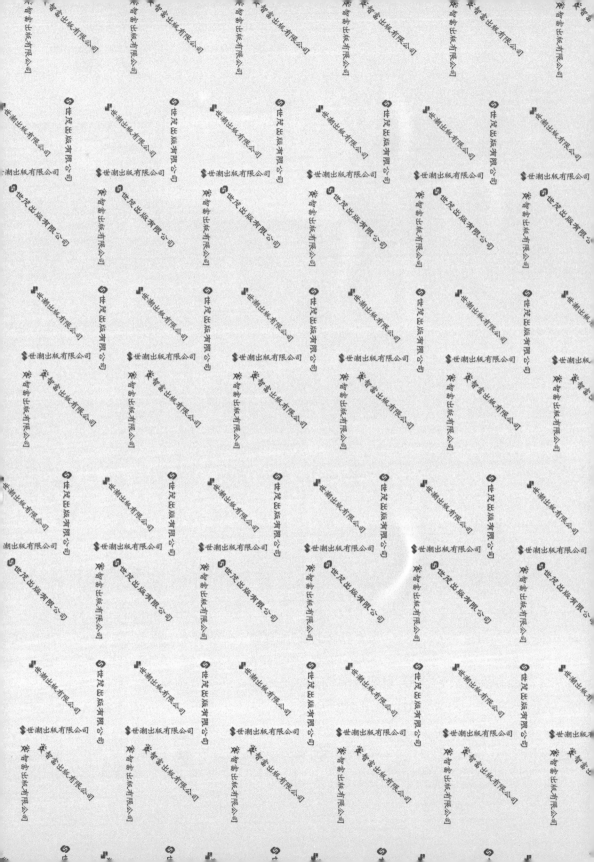

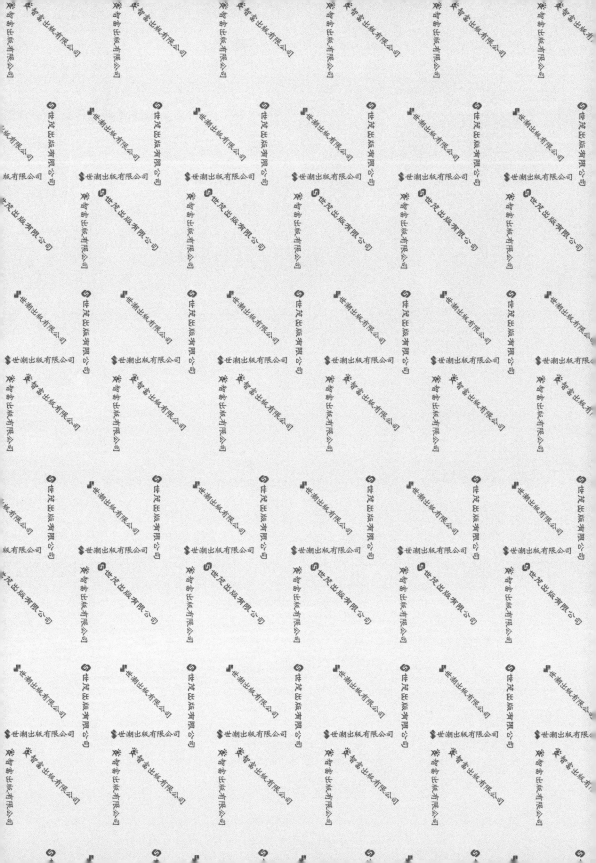

女生力量訓練的第一本書

女生力訓同好會 著

邱瑜婷教練 審定

CONTENTS 目錄

PART 01

初學者，做「力量訓練」就對了！ 011

1. 妳最常誤解的7大重訓迷思 012

Q1 重訓是男性專屬的運動，會讓女生變成「金剛芭比」？ 012

Q2 「力量訓練」比傳統重訓好嗎？ 014

Q3 「鐵腿」才有效果？ 016

Q4 被笑「胖子」，所以我重訓。 018

Q8 網路上有人說：「重訓才是王道！」 020

Q6 重訓會讓柔軟度變差？ 022

Q7 重訓只能到健身房做？ 023

2.「練肌肉」是為了健康美，不是舉得更重 028

3.「課表設計」才是關鍵！妳是變正或變老？ 029

❶ 修復比鍛鍊重要 029

❷ 初學者宜從「肌耐力」入門 031

4. 省略「暖身」、「緩身」，竟讓肌腱斷裂？ 032

PART 02

「宅女不出門，同樣健瘦美」課表大公開　037

1. 在家重訓怎麼準備？　038

❶ 器材與場地　038

❷ 避免意外的事前體檢　039

❸ 「持之以恆」的小秘訣　040

2. 為妳量身訂做女性專用課表　043

❶ 暖身　046

❷ 主訓練　057

❸ 必讀錯姿　做錯反傷身！　080

❹ 收操　086

❺ 疲勞恢復術：滾筒、按摩、游泳、泡湯、熱敷　093

❻ 我們運動，我們做自己　104

PART 03

正確安全的肌肉鍛鍊法　113

1. 哪種器材適合妳？　114

❶ 肌肉有千變萬化的功能　114

❷ 循環式、鐵片式、自由器材　120

❸ 容易致人受傷的器材　123

2. 事前體檢評估，可能救妳一命　124

① 步驟一：填寫ＡＣＳＭ的「身體活動概況調查表」　125

② 步驟二：填寫ＡＣＳＭ的「冠心病危險因子調查表」　126

③ 步驟三：填寫ＡＣＳＭ的「心血管或代謝疾病的徵兆或症狀調查表」　128

④ 步驟四：評估你的運動風險　129

3.「力竭」是說「ＮＯ」的受傷界線！　130

① 正確鍛鍊肌肉五大原則　130

② 「最大肌力」─課表科學化的依據　132

③ 「正在鍛鍊」，或「正在受傷」？　135

PART 04
90歲前的力訓療養術　143

1. 兒童、青少年、家庭主婦、上班族、老年人、傷者→力量訓練　144
　❶ 兒童、青少年　144
　❷ 家庭主婦　144
　❸ 上班族　145
　❹ 老年人、傷者　145

2. 生理期、孕期、更年期可以重訓嗎？　146
　❶ 生理期　146
　❷ 孕期　147
　❸ 更年期　148

3. 傷一次痛十年！？天下無100％治癒的傷　149

4. 各種治療＋復健法　152
　❶ 受傷第一時間的急救法　152
　❷ 中、西醫治療哪個好？　153
　❸ 傷後「保養」術　159

5. 疲勞管理是預防傷害的基本功　162
　❶ 超補償原理　163
　❷ 每日疲勞恢復　164
　❸ 睡眠、休息　165
　❹ 運動者的飲食　165

附錄　170

女生的重訓很不一樣！

東方女生就是愛「瘦」！為什麼呢？因為説實在的，胖起來也並不會像西方女性一樣擁有豐滿的胸部。東方女生先胖的都是腹部，只要一胖就得想辦法遮遮掩掩，還要顧及他人的眼光…這些體態上的心機雖然小，卻是女性「每天」生活中的困擾。從老到少，99％的女性都想「瘦」！只要瘦了，不論扮飄逸、裝可愛、野性美，穿什麼都好看，生活也變得豐富起來。

正在閱讀的妳，是否也與減肥纏鬥了很久呢？

本書要告訴妳的是，其實「瘦」真的沒那麼難，只要能維持瘦子的生活習慣，就能「自然瘦」，相反地，到時候想胖才真的很難！而「重量訓練」就是胖的「根本療法」之一，它能增加肌肉的比率，肌肉的比率越高，妳就好像有了更大尺寸的「火爐」，熱量燃燒得比以前更快，這也是重訓能創造瘦子體質、不易復胖的根本原因。除此之外，本書還希望引妳進入一種生活模式，來「維持」這種高肌肉比率的體質，讓妳養成「無意中」就變瘦的習慣，習慣到每次照鏡子心裡

PREFACE

　　都自動漾出笑意，妳挑衣服而不是衣服挑妳！若能再進一步搭配良好飲食，妳甚至可能擁有女性最誘人的Ｓ型體態。

　　然而，如果說運動只是為了「瘦」這個目的，那生活未免也太刻苦了吧！談起運動，它的優點還很多，像是可以交到新朋友、拋開煩惱、轉換好心情等等。身處於生存壓力這麼大的現代社會，不論是10多歲的少女、上班族、家庭主婦，各有各的壓力，那些活潑、柔軟、可愛的女性特質在這個步調高速的社會中，早已被磨成了僵硬的灰色調。這種時候，運動就像仙女手中的魔法棒一樣，能還原我們的活性，恢復自我光采，讓我們重新沉澱、整理之後，再度充飽滿滿的電力，去面對外在世界棘手的問題。

　　在閱讀本書以前，請先回顧妳的運動歷程是怎麼開始的？有些女生是開始於想瘦、想美的一股意志力；有些人則是工作壓力大，想找發洩出口，不論是什麼，最難的幾乎都是那「第一步」。妳接觸的第一種運動可能是路跑、可能是舞蹈、瑜珈、重訓、游泳、球類……不論是哪一種，「重量訓練」都可以強化它們的表現，或者作為重新調整體能的輔助運動。甚至，連長期久坐及未運動過的上班族，都可以從中受惠。

前言

　　談到重量訓練，一般人都會立刻想到「肌肉男」這刻板印象，但那肯定不是多數女性想要變成的樣子，在本書裡，我們告訴妳最適合女性初學者的，是「力量訓練」，而不是臉爆青筋的「舉重女」。請把爆青筋的工作留給競技的選手吧！我們只要每天帶著優美的肌肉線條、愉悅的心情去享受生活就好了。

　　值得一提的是，重訓不只是在健身房裡發生，其實只要是受地心引力影響的「地球人」，重量訓練都與你每天的生活息息相關，例如：背背包、搬東西、做家事的時候，抱小孩、提菜籃的時候……以及久坐了一天 8 小時以上的過程中。當妳怨嘆這裡痠、那裏痛，或考慮花 1 小時1000元以上去按摩時，請聽聽在妳的心裡，一定有個小小的聲音在吶喊著：「難道這種痠痛是生活中的必然嗎？！」

　　事實上，這種日常生活中使用肌肉不協調的情況，就像是做了不均衡的重量訓練一樣，所以想要改善它們，就要學習如何進行正確、協調、適合的重量訓練（力量訓練）和伸展，才能預防痠痛、改善下背痛，從根本改正錯誤的日常動作。妳說，「重量」是不是與所有地球人都切身相關呢？

　　最近聽到一個十幾年經驗的文字編輯，因為長期久坐低頭看稿，造成頸椎磨損，醫師懷疑與她最近的昏倒、頭暈、嘔吐等症狀有關，目前尚在檢查中。如果她早幾年知道重訓（力訓）技巧，認識肌肉並培養鍛鍊習慣，今天肯定不會有頸椎磨損這麼嚴重又惱人的事。其實，只要養成幾個良好的運動小習慣，就可能避免掉今日不可逆的頸椎磨損，只是千金難買早知道！

　　然而，編輯過身體姿勢書的她會不懂嗎？問題是在「知道」之後，重點是「練成」了嗎？

　　其實，身體力行才重要，光「知識」是遠遠不夠的，需要久坐好幾個小時，有幾個人真的可以一直靠著意志力保持縮小腹、提肛、脊椎挺直，坐上2小時或許可能，但8小時呢？恐怕也不容易吧！也就是說，長時間的不良工作習慣會耗損妳的身體，即便意志力再強，也難以戰勝長時間的壞習慣。這就跟高跟鞋穿2小時還能抬頭挺胸，但穿一整天就容易駝背的道理是一樣的。

　　因此，這就是為什麼建議妳至少撥出一周兩次的時間，來多練一套簡易「力量訓練」的原因，重要的是踏出那關鍵性的第一步，觸發妳的身體「自覺」並「練成」習慣，這是克服不良姿勢的基本投資；只有開始身體力行，才能觸發身體自覺。否則，日積月累之下，現在可能也陷於苦勞中的妳，幾年後傷的就算不是頸椎，也難逃是其他地方了。

　　這不是一本讓妳變成金剛芭比、大猩猩的書，這是一本帶領女性藉著重量訓練（力量訓練）來均衡生活，磨亮並展現體能自信的入門書。從青少年到90歲，入門者對重量訓練（力量訓練）應該有的基礎認知這裡都有；也適合已接觸過其他運動的人，想用重量訓練（力量訓練）來「涵養肌肉」的入門手冊；甚至，即便是重量訓練的老手們，也可以參考審定者邱瑜婷教練二十年的自身經驗分享，或許能給妳（你）們的運動思惟帶來不同的觸發呢！

　　祝大家越動越美麗！

女生力量訓練同好會

PART 01

初學者，
做「力量訓練」就對了！

根據教科書上的敘述，女性跟男性的重量訓練，只在重量負荷上有些
微的差異；但實際上去問問那些，走訪過各大、小、風格不同健身房
的（各年齡層）女性，結論卻非如此。究竟有什麼差異呢？
本章我們將跟著邱瑜婷教練，來了解「力量訓練」為什麼是廣大女性
初學者最適合的方式，它跟追求「大重量」的傳統練法有什麼不同。

妳最常誤解的7大重訓迷思

Q1 重訓是男性專屬的運動，
會讓女生變成「金剛芭比」？

中、低強度的「力量訓練」，不會練成大肌肉，更適合女性。

一說到「重量訓練」這四個字，很多人馬上會聯想到阿諾史瓦辛格、席維斯史特龍這種經典大肌肉男，強壯剽悍的戰士形象與男性心目中的「勇猛」立刻畫上等號。

但其實，不要以為猛舉啞鈴就會成為肌肉男，想擁有大肌肉還必須在特定的重量、次數、組數之下，再搭配飲食，才可能讓肌肉肥大而長成大肌肉。更重要的是，因為男、女的荷爾蒙天生不同，男性的睪固酮激素（Testosterone）很高，這讓男性較容易練出大肌肉；但女性的睪固酮少，想練成大肌肉可說是非常困難。所以關於這點，女孩們請真的不必太擔心。

那麼，什麼是「力量訓練」呢？

邱瑜婷教練回答，簡單地說，「力量訓練」就是在「訓練肌肉的功能性與使用效率」。傳統的重量訓練追求強大的外表型態，常常可以看到男性重訓選手，不斷追求更大的重量、更強的總負荷量，以「數字」或肌肉大小來定義自己的表現，這種方式雖然科學，但並不是現代女性

需要的。

　　現代女性需要的是什麼呢？其實女生要的很簡單，擁有好氣色、健康平衡的身體、冬天時手腳不冰冷、每天照鏡子時都覺得很開心、不化妝出門都感覺自己美，以及生活得很自在舒服……以上的這些，只要運用「適當」的重量與技巧、規律地運動就能達到，不一定要使用大器材或用大重量來鍛鍊。

　　「運動對多數女性來說，是圓滿生活的一種途徑」。而現代女性需要的「強壯」是一種柔美與堅強並重的特質，我們需要藉著運動來協調生活步調跟情緒，而不是像男性一樣，為了獨立、強大的意識形態而不斷追求更大的負重。很多男性以為女性重訓想得到的，是「翹臀」或「更挺的胸部」，但其實很多女性想要的，卻是更美好、勻稱、平衡的身心，這一點，就是女性為什麼更適合力量訓練的原因！

　　「力量訓練」使用的重量比較輕，大多是用自己的體重來鍛鍊肌肉，這種方式不需要精密計算，而且因為是用自己的身體當重量，並非拿肌肉能力去追逐數字目標，所以練出來的線條會更加柔順、自然。

Q2 「力量訓練」
比傳統重訓好嗎？

沒有絕對對錯，只要認清目的，
適合的會讓妳快樂。

男、女性對重量訓練的期待心理是有差異的，這也就是為什麼，很多女性去過大型健身房，但最後總是帶著抱怨離開的原因。不是設備不好，也不一定是每個教練都不認真上課，而是以男性思惟建立的大型健身房，就是少了那麼一點說不出來的「什麼」，不夠貼近女性的需求。

女性的思維、感受跟身體線條都比男生細膩，對運動這種與身、心靈都相關的活動，當然會有更細膩的期待。

傳統重量訓練是求強大的表現，剛好符合男性追求強大的天性；而女性的重訓，目的並不在此。

邱教練說，有些長期練重訓的女生，會越練越容易焦躁或過度好勝，或許不是她本人情緒很容易生氣，但因處在競爭數字與肌肉尺寸的氛圍裡，耳濡目染之下，容易讓女性多了幾分暴戾之氣。據研究顯示，長期練習高強度、大重量的女性，男性激素（睪固酮）的確會增加。

本書的目的是針對一般女性，為了強化體能或運動表現而寫的，針對這個目的，力量訓練可以帶給妳的，是一種愉快的運動方式。

邱教練分享她的看法說，其實，女性真的不必斤斤計較自己的體重、體脂率、肌肉比率……這種用「數字管理」的方法雖然科學，但不

能帶給我們快樂的泉源；然而，對女性來說，運動過程的快樂卻是非常重要的！

運動應該是長遠的事，當妳習慣了，就能把它當成一種「享受」，所以何必急著立刻要瘦下來呢？！

就算妳現在胖也沒關係，鏡子裡的自己雖然「胖」，還是擁有線條美，不是非要瘦、體脂率低，才符合所謂「標準美女」的樣板。就算胖，也胖得有線條！「就是」先有這種坦然的心態，妳才能一天比一天更愉快地去享受運動跟生活。然後慢慢地，如果妳真的還想再瘦一點，或擔心太胖會有健康問題的話，再調整運動、飲食來減重。妳說，這種不被體重、體脂率綁住的生活態度，是不是比數字管理自在很多。

簡言之，妳應該把「瘦」當成一種愉快、自在生活所帶來的副產品或附加價值，而非為了追求它，把自己弄得更疲倦、不開心。本書為讀者設計了一套力量訓練的課表，目的就是為了讓初學者有一套完整、安全、基礎的內容可作為依據，減少妳在重訓領域跌跌撞撞、自行摸索將遭遇到的損失、受傷跟冤枉路。

Q3 「鐵腿」才有效果？

錯！各強度有不同的鍛鍊效果。

重訓完一定會很痠痛嗎？為什麼網路上的達人和身邊的朋友，每次上完重訓課之後幾天，不是「鐵腿」就是「鐵身」，久久不能下床呢？

這是因為，到健身房上一對一的教練課，1 小時鐘點費高達 1000 多元，有些教練基於敬業的態度，會認為希望「給妳多一點」才值得，所以習慣把學生操到手軟腳軟。但究竟是不是強度一定要這樣強才有效果呢？答案其實「並不是」。

肌肉是一種再生力很強的組織，當外界用不同的重量、組數、強度來刺激它，會造成不同程度的破壞。微小的肌纖維在被破壞、甚至斷裂之後，會被蛋白質重新修補，修補時，就會照妳之前刺激它、使用它的新模式來成長。也就是說，妳的鍛鍊法直接影響到結果。

當「鐵腿」時，必定是肌肉組織被破壞的程度很高了，可能是妳太久沒運動，突然來一次強度不低的鍛鍊（就像假日運動員），或是妳根本就是做了一次對妳來說，強度很強的晉級練習。一般來說，是急於準備賽事的人才會去進行這樣的高度破壞。

但並不是所有的重量訓練都要這樣才有效，有些輕度或中度的負重訓練，常被用來矯正錯誤姿勢、調整體態、傷後復健，或純粹增加肌肉力量，以預防受傷。簡言之，鍛鍊肌肉通常有三種目的，主要是「增加

力量」、「增加肌肉（肌肉肥大）」、「改變形狀（變美）」；而想達成每種目的都要有特定的訓練法，不是硬做就有效，當然也不是鐵腿最好。

　至於要怎麼運用各種負重大小、組數、訓練量、姿勢來達成目標，後面的內容會有更詳細的說明。

Q4 被笑「胖子」，所以我重訓。

想瘦要靠「習慣」，不是商人的大餅！

說起「胖」，無疑是所有女性的一大天敵！更可惡的是，有很多惡質的健身房教練，藉著調侃或暗示妳胖，來刺激妳掏錢上課。

沒錯，以這個藉口要妳掏錢上課真的很有刺激性，相信聽到這種話，妳的心裡一定五味雜陳，開口承認也不是、否認也不是，掏錢又心有不甘，不上課又擔心自己繼續胖下去，真是令人「捶心肝」啊！

這時候，妳一定要冷靜地想想，就算妳掏了信用卡作分期預付、簽了約，究竟這種一時受刺激而引發的動機，可以持續多久？

讓我們看看那些瘦子吧！瘦子瘦可不是因為一時興起，也不一定是他們意志力過人，面對美食都能不被誘惑，而是因為她們擁有瘦子的生活「習慣」，而習慣是需要長期的生、心理調適才能形成的。短短一時之間，就算妳掏了大筆銀子，也不一定能買到變瘦的夢想，恐怕唯一填飽的是商人的荷包，所以，請務必小心這種夢幻的大餅！

的確，肥胖真的很容易引發健康問題，但這種告訴你「妳就是胖，所以才要重訓」的話術，只是為了讓妳掏錢所做的刺激，不是真正的關心。真正關心妳的教練，會先為妳設計一個「包含飲食建議的完整訓練計畫」，不會死纏爛打地要妳繳出信用卡。請記得這唯一的原則，若想找個教練帶妳重訓，請「一定要找到那種真正關心妳健康的」！

　　曾經聽過一個女性朋友說過，她的教練居然一邊教課一邊講手機跟朋友聊天，當她覺得重量不合適、肌肉不舒服，教練也不採信，堅持要她繼續做下去。最後這個女生課上了不到10堂，就練到全身多處韌帶受傷。她告訴我，一開始她氣憤了很多年，後來才知道原來健身房雖然一個小時收 1000 多元以上，但教練領到的的上課費實際上不到 10 分之 1，也難怪教練「只想賣課、不好好上課」，因為中間的價差真的多太多了！

　　所以，提醒聰明的妳，不要被美麗的泡沫蒙蔽了雙眼，沒有正確、按部就班的習慣，再美的泡沫也是一戳就破。會瘦是「長期低熱量」的結果，任何話術都無法在一夕之間取代。只有養成正確、規律的運動習慣來保持高代謝率，才能踏實地實現美夢。面對那些「披著教練皮的業務員」，要小心辨識、不輕易簽約，最後才可能遇到真正適合妳的明師。

Q5 網路上有人說：
「重訓才是王道！」

態度上，要「堅持」不要「執著」。

　　從事一項運動到了某個程度，人容易被它的正面能量感動，而成為它的追隨者。傳統上做重量訓練的以男性居多，可以帶給男生碩大的肌肉、強大的力氣和信心，所以有了一群男性崇拜者。對很多重訓追隨者來說，從羨慕、狂熱到堅持，這股熱情是自己能繼續追求進步的動力，也是一種對自我的肯定。但是，也有一部分人錯將「堅持」變成「固執」，最後產生「執著」的心理。

　　邱瑜婷教練從小接觸各種運動，經歷已有20多年，作為女性重訓的過來人，她分享給我們的經驗是，「重訓不要練到『固執』」。她這樣說並不是在批評練重訓的人固執，而是提醒我們，進行任何一項運動，不論它帶給我們的感受多美好，都不應該將它當成一種牢不可破的「宗教信仰」來崇拜，而引起執著的心。例如：「肌肉一定要練到多大才是強者」、「只有變成XX樣子才是好的」……尤其對女生來說，這種固執引起的執著，會抵銷掉運動原本帶來的快樂。

　　女性天生的特質，是柔韌有彈性的，是懂得變通、獨立卻不孤僻的。適合妳的重訓方法，應該會讓妳心靈感到平靜、壓力得到抒發、肌肉得到適當鍛鍊，適當的訓練會讓妳呼吸順暢、好睡、心情舒坦愉快；相反的，過度訓練在身體感受上，就會讓妳直覺性地不悅。當一個人對

某項運動太執著，心性在潛移默化之中也會變得執著，這豈不是與當初運動的初衷相抵觸了嗎？

　　看看男神阿諾史瓦辛格，當初練得一身無人能及的肌肉，後來不再練習之後，卻成為一身鬆垮的「鬆肉」，不僅風華不再，也失去了當初的氣勢，邱教練說，這就是一種身體的「反撲」。如果妳不想變成這樣，可以看看後述「邱教練的小故事」，很難想像現在體型勻稱的她，竟然也是一位過來人呀！

Q6 重訓會讓
柔軟度變差?

沒有絕對關係。想增加柔軟度可多做伸展。

網路上有人問到:「練習重訓會讓肌肉變僵硬,請問是不是練了重訓,柔軟度就會變差?」

事實上,不論哪一種重訓課程,只要有好的暖身跟收操,加上足夠的拉筋伸展或放鬆,都不會練成太僵硬的肌肉。僵硬的肌肉對於任何運動來說,都是不理想的,不但缺乏彈性,連運動完後的痠痛感,也較不容易排除。如果長期使用僵硬的肌肉繼續運動,會比較容易發生運動傷害。

誰說重訓會變僵硬!

所以肌肉會僵硬，主要是疲勞後的恢復功課做得不足，柔軟度被限制了。

此外，也有另一種情況，就是肌肉練得很大塊，倒不一定很僵硬，但做某些動作的時候，會被大肌肉限制住，無法延展得很遠，也影響關節活動。

嚴格來説，沒有研究或證據證明，肌肉的鍛鍊會降低柔軟度。也就是説，如果妳同時想多一點肌肉量或多一些力氣，但又不想損失柔軟度的話，可以把重量訓練（力量訓練）和伸展操一起排入妳的每周課表，越希望柔軟度提升，就要安排更多的瑜珈或伸展類課程。

Q7 重訓只能 到健身房做？

不一定，各有利弊。

上健身房與自己做的差異，一是有教練、另一項是器材。

有些人上健身房沒買教練課，自行操作各種器材，但不知道自己做得是否正確。這種情況是危險的，因為很多健身器材是以歐、美尺寸設計，不太適合東方女性偏瘦、矮、小的身體，要懂得調整座椅高低、角度和重量，才能避免受傷。加上有些器材原本設計的重量負荷，對女性來説很容易超重，一旦做錯一次就馬上受傷也是可能的，所以千萬要選對適合的器材。我們在後面內容有詳細的介紹。

　　那麼，在健身房裡請教練授課，是不是比較安全呢？我們前面曾提過，一定要找用心、好溝通、負責任的教練，如果遇到不好好上課的，也有可能花錢又傷身。

　　由於現在國內法則並無明文規定，須本科系或具備何種證照，才能擔任重訓教練，所以坊間各種不同資歷、資歷的教練都有。有些僅進行了 10 多個小時的課程就宣稱獲得國際認證；或者從前的運動經歷雖然豐富，但貿然把自己的運動量拿來要求初入門的學員做……這些行為雖無法以明文規定它的錯誤，但對消費者來說，風險卻是相當高的。

　　那麼，在家自己重訓，是否比較安全呢？要看你懂不懂訣竅，如果要求初學者就舉很重的重量，那當然很危險，所以本書的設計，就是教導初學者從自身的重量開始，以自身的體重開始做訓練，相較之下是較安全的。除非是想要練成競技型、肌力大或大塊肌的女性，需要負重較大的器材與更詳盡的飲食、運動計畫，最好還要有另一個專業人員在旁隨時指導。不論妳想要達到的目的是什麼，使用本書介紹的技巧都可望有所獲益。

　　另外，因為自行重訓也可能有「不知道做對還是做錯」、「自己看不到自己的動作」、「容易偷懶」等等盲點，所以更需要確實的實行步驟和輔助建議，為此我們都會詳盡地附在後面的解說中。

邱教練的小故事——

為什麼對女性來說，
身、心平衡如此重要？

　　我從小就是「好動份子」，接觸過的運動從跑步、游泳、重訓、賽艇、球類……都有，念書也是一路從運動競技系念到運動治療。

　　以前為了追求運動表現，從來無法自己選擇體型，只要從事某項運動，就一定要練成那種體態，有時候看到街上體型纖細勻稱的女性，我也會心生羨慕。

　　然而，現在運動風氣很盛，竹竿女的眼光已不再流行，反而越來越多人羨慕我這種，有運動線條、經驗多、體能表現好的「健康型」；但其實在期待優異運動表現的背後，一般人還不能了解的是，為什麼我要特別強調「身心均衡」的重要性，而這背後藏有一段我的故事……

　　青少年時期的我，跟一般 10 多歲的青少年一樣，認為「強大」的運動表現就是「無懈可擊」的代名詞，身為一名體育專業選手，這樣的思惟乍看之下很正常。但有一陣子，我因為某些因素減少了運動量，體重居然一下子從 50 公斤增加到 70 多公斤，整個人像吹氣球一樣變了形，不但肌肉鬆弛，水腫、精神不濟……同時出現，也把我自己嚇了一大跳。這讓我體認到，之前「硬操」、「一心求勝」的方法真是大錯特錯，這種突然的發胖，就跟重訓練到極限之後，只要訓練量減少，肌肉就會鬆弛的情況，是很類似的。

　　我要說，把身體當成一種「機器」來「操」的心態是嚴重的錯誤，甚至，這種心態是很「自私」、「貪婪」的，為了爭名次的慾望，沒有靜下心來觀察生理跟心理的「連結」，只是不斷地耗用身體，以為這樣就是所謂的「強大」，其實，這種表象上的成功，只會在強大的表現之後帶來反撲的逆襲。

　　相同的道理，如果只為了「變瘦」而不斷節食，或者猛做運動，最後雖然能短暫地達到目的，但要不了多久，身體必定會以某種方式來反撲，最後被犧牲掉的就是健康。這就是所謂的「欲速則不達」、「偷雞不著蝕把米」。

　　也就是說，面對運動這回事，除了運動表現、成果之外，妳是否真的也打從「心」裡歡喜地參與進來，這對妳的身心健康來說，是很重要的觀念！運動應該是一種促進身、心協調的方式，若在盲目求勝的心態中迷失了方向，並不是幸福。

　　要有身、心都接納的心情，運動才會回饋給妳身體的健康跟心情的愉悅，逐漸地就能形成正向循環。擁有這樣的運動觀、健康觀，自然地就能保持勻稱的體態。

　　我到了德國學習運動治療之後，看到這樣一個將運動科學發展到極致的國家，竟在達到科技的巔峰之後，反過來探討東方文化的內涵，像是「身體如何與心靈溝通」、「身體天然的運作法則是什麼」、「除了科學以外，身體運作的內涵是什

麼」……這些反思讓我驚訝，也解答了我年少時的疑惑，我體認到一點，那就是東、西文化融合之後，所激盪出來的火花是比科學本身更美麗的！

所以如果要問，適合女生的重訓原則是什麼？我會認為是能將女性的內、外皆美化的方法，不一定要高強度、高訓練量，但不可缺的是歡喜心、合適的呼吸節奏、令人身心順暢的強度。

一周做 2 次以上，先認識自己的身體，再針對缺點去矯正，練出好用、有彈性、流暢不執著的肌肉，並進一步在日常生活中試著均衡地使用它們，這就是將運動融入生活中最自然的方法，也是「力量訓練」對於現代女性來說，最實際的應用。

「練肌肉」是為了健康美
不是舉得更重

　　肌肉是一種神奇的組織，它可以被破壞之後再生，生長成我們想要的樣子。不論正在閱讀本書的你幾歲，妳應該了解的是，適當的肌肉鍛鍊，是一種很好的「保養」，可以常保女性氣色好、體力佳、手腳溫暖。在心理上，擁有適當鍛鍊的人，也懂得適度地保護自己，預防自己在身、心靈方面受到傷害。

　　力量訓練的功能有如下幾種：

第一，讓妳活動更自如。

　　　　肌肉有力量，動作做起來更輕鬆，會覺得人充滿活力，心態上也不再因一點小事而哀怨嘆氣。

第二，鍛鍊肌肉來保護關節（尤對老年人來說更重要）。

　　　　像是上、下樓梯或搬重物，有鍛鍊過的人做起來，會比完全沒鍛鍊過的人更輕鬆，而且較不容易閃到腰或受傷。

第三，避免冬季手腳冰冷。

　　　　鍛鍊肌肉可以養成一種「暖爐體質」，使身體燃燒熱量的效率變得更好，燃燒熱量所產生的「熱能」，會讓妳的體液循環增加，所以冬天時比較不會手腳冰冷。

第四，好氣色。

　　　　身體常保溫暖的人，血液循環順暢，廢物較容易排出體外，因為體內毒素少，氣色通常較好。若能搭配飲食，效果會更佳。

第五，身型呈現健康美。

肌肉增加，可以增加熱量燃燒的效率，所以人的肌肉比率越高，基礎代謝率也就越高，也就是所謂的「易瘦體質」。而易瘦體質只是基本，當妳再進一步鍛鍊成線條曲線，就能擁有更佳的「身形健康美」。

「課表設計」才是關鍵！
妳是變正或變老？

不要以為「運動=健康」，其實運動方式跟課程一旦錯了，反而讓妳老得更快！

修復比鍛鍊重要

用負重來刺激肌肉的目的，是先「破壞」原本的微小肌肉纖維，再等待它生長復原的過程。當妳給它足夠的營養與休息，歷經這個復原過程之後，它就能擁有新的能力，例如：更有力氣、呈現新的形狀或線條等等。

功能這麼多元化的一種組織，聽起來真的有些神奇！但是，尚有一個條件是，如果沒有適時將運動後的廢物排除，並供給它修復所需的營養，肌肉的再生就不會那麼順利，而且老廢物質在體內留存過久未排除，還可能成為一種毒素，對健康造成慢性傷害。

所以，「運動量跟健康成正比」這個觀念不是絕對的，事實上，是否能獲得健康，要看妳的課程是否適合妳。

有一句話說「緊繃的弦易斷」，實務上有很多運動員，為了求強大表現，常常「休息不夠」就繼續練，這其實會讓免疫力下降，或使受傷

的風險大增，甚至引起慢性發炎。妳可能看過有些人運動量大，但他卻常常感冒，或有免疫系統方面的問題，例如：嚴重過敏、皮蛇…等等，結果適得其反。這類情況是給運動員一個警訊：「是靜下心來調整身體的時候了！」。根據長久以來的經驗顯示，長期下這樣耗用身體，也只會養成更容易受傷、效率差的體質而已。

其中尤其是「慢性發炎」，特別容易加速老化，因為慢性發炎的症狀較輕，平時不容易自覺，所以最後爆發時，往往是以嚴重過敏或免疫系統的問題來表現，把慢性發炎稱為「沉默的殺手」真是非常貼切！不過，不是只有疲勞物質累積才會引起慢性發炎，「受傷」更是慢性發炎的大本營，這個部份我們在後面的運動傷害章節會有更詳細敘述。

原則上，請妳在審視運動課表時，要帶著「冷靜理性」的態度，不要以為操越多越好，這種不理性的狂熱造成的「過度訓練」，只會讓妳養出一個更容易受傷或老化的身體。

求勝的心再強烈，也應該維持足夠的休息。所謂的「休息」，包括動態與靜態，靜態就是睡眠、看電影、聽音樂這種跟運動無直接相關的休息，不需要耗費太多體能，又有休閒的效果，以一周安排1～2天最佳，否則最少要有1天。

而「動態休息」則是在強度最強的重量訓練（每周2或3次）之間，加入其他「輕度有氧」運動，像是騎腳踏車、游泳、慢跑等等，這種方式有助於恢復重訓所帶來的疲勞，並可加速乳酸的排除。對初學者來説，建議可適時採用這種方式，但不要過量。

另外，主運動前、後確實地暖身與收操，和後面2～3天的「疲勞處理」，也是重要的休息和調整步驟。例如：增加蛋白質的飲食、充足

的睡眠和乳酸排除等等，都會直接影響到下一次的鍛鍊品質。

最後，再提醒一次重點是「不要強忍痠痛去練習」，因為根據研究指出，這種「硬撐」的練法不但容易導致受傷，運動表現甚至也比不上適度休息的運動員。

初學者宜從「肌耐力」入門

原則上，女性初學者較適合的是練肌耐力，但過了這個階段就可以依照個人目標，往強度更高的階段前進。如果只是當成保養，則不一定要進階，就算停留在原來的階段，也可以維持日常生活所需的肌肉適能。

什麼是「強度更高」的階段呢？從目的性來看的話，在肌耐力之後，還有「肌肉肥大（增加肌肉量）」、「增強肌力」、「個人最佳表現」、「增強爆發力」。這些訓練目的我們在後面會有更詳細的解說。

為什麼肌耐力是最適合初學者的呢？因為女性日常生活中最常用到的能力就是它。肌肉的「耐力」會展現在久坐的上半身、穿高跟鞋時、一整天背包包時、抱小孩時、作家事時……基本上負重較低，但時間長的都屬於「耐力」的範圍。

很多女生的工作也容易有職業傷害，像是洗髮助理（手腕）、穿高跟鞋的櫃姐（小腿）、久坐的行政專員（脊椎）……這些都是投訴無門，也很難歸咎於職場安全，而獲得補助的問題，但它們確實會經常、反覆地影響著我們每天除去睡眠之外10多個小時的精神與體力。所以，從肌耐力當成起點來保養身體，是非常適合女性的方式。

省略「暖身」、「緩身」，
竟讓肌腱斷裂？

案例

小潔跑馬拉松已經五年，不算老手也不算新手，今天她跑完 21 多公里的半馬之後，急著去參加好友的聚會，於是一跑完沒放鬆就立刻匆匆忙忙地收拾東西要去沖澡，沒想到浴室門把才一打開，正要轉身進入浴室時，就聽到「啪」地一聲，她馬上感覺到右腳跟腱附近有異狀，接下來越來越疼痛，痛到她只好取消約會去看醫生。經骨科醫師診斷後，確定右腳跟腱斷裂，需要進一步治療。小潔百般不解為什麼會受傷呢？醫師回答說：「跑完馬拉松之後沒有收操，導致肌腱受傷的情況不少，妳這次是否也沒有收操？」

「暖身」及「緩身（收操）」本來只是運動傷害預防裡的一個環節，但有很多專家都提醒說：「台灣人運動完幾乎不收操的！」，因為這種知識觀念的貧乏，造成很多運動傷害發生，上述的例子是立即性的，但也有不少是潛在的慢性傷害。上面這個例子雖然是跑了 21 多公里的半馬，強度很高又不收操才會這樣，但重訓的強度若很強，也有可能發生類似情況喔！

1 One 暖身

為什麼暖身、緩身這麼重要？

身體就像一台機器，在運動前肌肉、神經需要一段時間被「啟動」，啟動時從靜態進入動態，需要足夠的「暖機時間」。此時血液循環會提升、攝取氧氣的速度會增加，而平時血流比較少或較少被使用到的組織，會在此時被喚醒。這 10～20 分鐘的暖身，可以讓肌肉變得較有彈性，大幅減少受傷的機率。

對重訓來說，很多教練會要求在課程開始前先做跑步 10 分鐘左右，做完後妳應該會覺得有些喘，這就是心肺功能的喚醒。接下來，在做每一種動作前，都應該先以最輕的重量（可能是體重或器材上最輕的磅數）預作模擬練習 3～5 次。因為肌肉、神經有「適應性」，這種預先的模擬是在幫助身體組織適應接下來要負擔的重量與動作。

在加上負重之後，身體對於同樣的動作會有不同的反應跟感覺，如果負荷量接近自己目前的最大能力，妳可能會開始發生「抖」、「姿勢變形」……等情況，這些都在警示妳，可能需要休息了；但在接近疲倦卻未完全休息之前，請盡量維持正確的姿勢不偏移，才能減少傷害的發生。所以事先模擬不是比比樣子而已，還可以幫助身體記憶、適應動作模式、減少受傷的機率。

2 Two 緩身

緩身，俗稱收操，能幫助運轉到疲累的肌肉放鬆。疲累的肌肉往往是緊繃的，不論是跑完半馬、全馬的選手，或被操到疲倦的重訓者，甚

至其他激烈運動，都可能發生這種情況。前述肌腱受傷的例子，就是因為她的肌肉緊繃卻沒有收操，肌腱被僵硬的肌肉牽扯之下，竟然緊繃到斷裂，想起來雖然很不可思議，但實際上這樣受傷的例子並不少！

我們之前提過，理想中女性重訓課不必操得太激烈，但既然是「上課」，有時候學生很難避免教練給妳加負重，讓妳下課時覺得有「超負荷」，所以收操不應該是感覺肌肉緊繃時才做，一定要養成習慣！

至於要怎麼緩身呢？重點要從運動過程中最常使用到的大肌群開始到小肌群，逐步做伸展、拉筋的動作，伸展的幅度不必大，但是要感覺到剛剛緊縮的肌肉，有被伸展出來的感覺。隨著每種運動的使用部位不同，當天的訓練強度不同，妳做的時間可以不一樣，一般緩身全部做完約需要20分鐘左右。

另外，因為重量訓練是一種無氧運動，做的過程中，有時會過度消耗能量、氧氣，所以比起有氧運動更容易累積乳酸，和消耗某些提供能量的物質，適當的緩身能趁著身體血液循環還不錯的時候，先排掉一些乳酸，還能補充提供能量的物質，使肌肉更快地恢復活力。

其實，在緩身之後可以加上按摩或冰敷等保養。按摩約半小時，最好讓專業按摩師代勞，或自行操作泡棉滾筒，作用是深層放鬆肌肉、幫助排除乳酸。冰敷則不一定要使用，通常專業的運動選手，在高強度的賽事過後，都有冰敷或「浸冰桶」的習慣，可減少發炎及隔日的痠痛。但若妳只是平常的練習，就不一定要做這個步驟。

「延遲性肌肉痠痛」並不是乳酸造成的！

　　妳可能聽過不少人告訴妳，加速乳酸排除可以避免隔日的「鐵腿」，不過，邱教練說，這個觀念近年來已經逐漸被運動生理學界所質疑。

　　反對的言論指出，雖然不少人在中、高強度運動的隔天會出現「延遲性肌肉痠痛」，但證據顯示這種痠痛並不是「乳酸」惹的禍！

　　怎麼說呢？以往的觀念認為，乳酸這種物質停留在肌肉內無法排除，會造成疼痛，等到它排除了痠痛就會消失。但新的研究是，去測量運動後 1～2 天有發生延遲性肌肉痠痛的人，其血中的乳酸濃度，發現並沒有顯著的上升，假設依照原論是乳酸過多引起的話，照理說血中的乳酸濃度也會明顯升高才對，但測量結果顯示並沒有。所以，新的研究進 一步下了一個推論，認為延遲性痠痛，並不是乳酸堆積所造成的，而是肌肉中小纖維的細微撕裂傷所導致。

　　邱教練解釋說，常運動的人較少產生這種撕裂傷，但像假日運動員這種平時少運動，但「突然劇烈」運動的人，因為肌肉無法適應突然間強度的提升而撕裂，所以造成肌肉疼痛，最終，要等到肌纖維修復完成，疼痛才會消失。其中有些疼痛的時間不只兩、三天，長達一周的也有。

PART 02

「宅女不出門，同樣健瘦美」 課表大公開

在家自行重訓可行嗎？其實是可行的，它的優點是：有個人隱私、可以自行調整強度、時間安排方便、可以省大錢等等；缺點可能是，空間或許不夠大、沒有人陪伴容易偷懶、擔心姿勢錯誤……。為了彌補這些缺點，我們也準備了一些克服偷懶的方法，讓妳更容易上手，「最好的教練自己當！」

在家重訓怎麼準備？

器材與場地

場地　長、寬至少 1.5 公尺以上的正方型地板

墊子　瑜珈墊或軟墊

音樂　可播放音樂，找自己喜歡的就行了。

小啞鈴 2 個　選配。初次使用者可用每個 2 公斤重的，進階者可用 3 ～ 5 公斤。

鞋底乾淨的運動鞋　市面上有專賣「重量訓練鞋」，這種鞋能在跟腱處加裝可拆卸的金屬塊，裝上後平時穿著走路就能練腳力。但其實我們女生不一定要買這種鞋，只要對地板有摩擦力、可止滑的運動鞋、多功能鞋或室內健身鞋都可以。

❶　跳繩或階梯　使用有氧運動的階梯，或家中的樓梯階梯，但勿選步距太窄的，以免不慎跌倒。

❷　彈力帶　選配，長度至少 100 公分以上，初學者可選購強度最輕、最薄的彈力帶。因種類眾多，不論選購哪種，只要自覺做完本書中的三組後覺得「肌肉微痠」，就是目前適合的（請參考後面動作後再選購）。

泡棉滾筒　選配。

鏡子、照相機或攝影機　選配。

彈力帶有很多種，要依自己目前
肌肉能力來挑選

學會動作的過程之後，就要追求正確度，此時若有鏡子（或可反光的玻璃鏡面），可從各種不同的角度來自我觀察、確認正確度；如果有同伴的話，可使用相機或攝影機來檢視。拜科技進步所賜，現在網路上已經有可將影片慢動作播放的ＡＰＰ或軟體，可以把所有的問題點，包括該穩定的肌群是否偏移、動作的軌跡是否正確……等，都一覽無遺地盡收眼底。

避免意外的事前體檢

在歐美等運動科學較先進的國家，運動者在開始重量訓練、路跑……這類強度較強的運動之前，都會先做完整的體檢，並到復健科、運動醫學科或骨科，去徵求醫師同意，才會去做中、高強度的運動。理論上台灣也應該這麼做，但實際上，只有很少數的職業運動員會這樣做。雖然本書這套力量訓練的課表強度很輕，但我們仍建議妳至少應先做完整的體檢，排除有風險的疾病之後，再行訓練。至於需要注意的疾病或病徵，請參見 P144，否則一旦貿然施做，可能增加受傷或病情惡化的機會。

如果妳剛開始做就覺得膝蓋、踝或其他關節有不適，很可能是之前已經有過潛在受傷或舊傷，此時也應該要先向復健科、骨科或運動醫學科醫師徵詢，檢查是否有問題，並請物理治療師建議合適的復健運動、強度，建議可攜帶本訓練內容向醫療人員徵詢意見。不過一般來說，徒手的第一套主訓練已經是最安全的課表，幾乎跟物理治療師會建議妳的動作、強度是差不多的，通常除了重大疾病的患者，例如:剛開完刀、中風等等的患者，需要使用強度更輕的「復健運動」之外，一般人應該都能適應「徒手」的這一套訓練。

還有一個重要的觀察重點是，做的過程中或結束後，妳的「關節」有沒有哪裡特別感到不適，理論上做完一整套動作，應該覺得有些疲累，但是是舒暢的，不應覺得某處的關節受到壓迫、肌肉太緊繃或不適，也不應有過度耗損的感受。若有令妳不愉快、怪怪的感覺，可能是姿勢不正或訓練量太大，此時就要仔細察覺過程中，哪個動作、哪個角度讓你特別不適，再仔細對照本書的圖片、步驟，來確認正確度。

「持之以恆」的小秘訣

運動想持續，光靠毅力還不一定可靠。與其只靠「意志力」克服惰性，不如讓運動變得更有趣，有趣才能持久，持久才容易獲得真實的健康益處，我們有幾個秘訣跟你分享：

秘訣一：揪好友一起練

找三、五好友一起練，不但可共同討論、互相鼓勵、增進感情，過程也更有趣一些，練完之後不但能一起聊天吃飯，還可以互相「提醒」少攝取一點熱量，真是一舉多得！

若人太多，家中場地不夠大，可以找公園或學校操場、體育館、運動中心，也是免花錢的好方法。

秘訣二：找男友一起練

網路上有人將男友身體變身為重訓器材，這也是個有創意的方法，不過執行上要更小心，因為既然有另外一個人的體重當作阻力，受傷的風險會更高。建議男友本人對重訓也要有一定程度的了解才適合，否則男性的體重重、力量強，有時一不小心也可能對女生造成傷害。

如果不把男友當成器材來練，兩個人使用本書的方法練同一套動作也可以，只是女性初學者依然要從最輕的重量開始（例如：自身重量或2公斤啞鈴）。

秘訣三：掛小尺寸衣服在牆上

想變瘦的女生，可以掛一件很想穿上，但現在穿不上的衣服，在房間的牆上，時時刻刻砥礪自己「遲早我要穿上你」！

秘訣四：養成寫日記的習慣

準備一本自己喜歡的筆記本，將重訓的計畫，包括每個動作流程一一地寫上去，這本就當成自己的「運動日記」，每天都拿出來看一看、紀錄進度。使用APP也可以，現在有些APP可以自行選擇動作來記錄進度或排課表，相當方便。

心得跟鼓勵的話也不要忘了寫，請多給自己一點加油跟掌聲，甚至還可以定期拍照貼上來，看到自己越來越瘦、線條越來越美的體型，這種靠自己努力而得來的成就感，就是一種真實的信心。

有朋友一起訓練的話，交換分享彼此的日記也很不錯，而且只要一偷懶，馬上就會被發現，所以想偷懶不練恐怕也很難呀！大家的程度一起進步，有問題也能互相討論、尋求解決之道，這種愉快的運動氛圍，是花再多錢也不一定能在健身房買到的。

這幾個小秘訣裡沒有「反向激勵法」，也就是反向刺激，例如：說自己「很胖」、「肥豬」……這種話來激發潛力。但某些坊間的教練會用這類話術來刺激學員，至於能不能接受，就因人而異了。

邱教練這樣寫重訓日記

　　邱教練說，重訓日記不必有一定的格式，重點是多寫心得、多記錄，即使是簡單的幾句話都可以，不論用文字或圖片都行，值得記錄的內容包括：

1.目的
2.操作方法
3.今天做的量跟品質
4.心得與備註。

　　有時候即使做同一個動作，每天做的感覺都還是會不同，如果妳常常細微地體察身體的感受，就能逐漸啟動妳對身體的自我察覺力，讓感覺越來越敏銳，對動作的直覺性越來越強。這也是一種內在運動能力的進步，一種身心合諧的進展。

為妳量身訂做女性專用課表

以下的運動計畫由邱瑜婷教練設計，因為是在家自行訓練，所以從最輕的「自身體重」開始，建議初學者頭幾次練習，可拿著這幾頁按部就班地練，仔細依照每個步驟的提示操作。估計整套做完，包括「暖身、主訓練、收操（緩身）」這三大部分，全部共需1小時或更久一些。想要體形更纖細的人，可以增加最後的瑜珈伸展部分，即使做到2倍的時間（40分鐘以上）也沒有關係。

如果做完隔天沒有劇烈痠痛的話，可以每天做，不然最少 1 周2～3次，相信最慢在4～6周後，妳就能看到體態上明顯的改變。

以下有每個動作的詳細解說，並在全書最後的「附錄」中附有簡易表格，方便讀者在動作熟練之後，把簡易表格影印下來做提醒，就能隨時隨地利用1個小時的空檔，來練習這套力量訓練的體操，即使出國出差也能輕易保持運動習慣。

有些人擔心自己練的姿勢可能不正確，其實有些小秘訣可以幫助妳保持正確的姿勢，包括：請旁人幫忙把動作拍下來對照，自我嘗試動作的變化是否會讓哪裡過度緊繃，或者直接在鏡子前面做等等，都是檢查動作的好方法。

動作上，有一些動作在三個階段中是重複的，請不要擔心，並不是我們寫錯，而是動作類似或重複沒關係，重要的是負重的輕重、次數不同，帶來的鍛鍊效果跟身體感受也會有很大差別。

讓我們先瞭解「組數」的概念，然後進入動作指導吧！

「組數」的概念：連續進行，
不可完全放鬆

重量訓練裡「組」是一個重要的概念，「一組」指的是這組裡面的動作必須「連續進行」，「不可完全放鬆」肌肉而休息。舉「正面搭橋」為例，這裡定義的一組若是 1 分鐘，假設一個肌力極弱的人做了 10 秒就沒力而垮下來，因為肌肉已經「完全放鬆不用力」所以稱為「停止」，到最後他只做了 10 秒而未完成這一組。

若「一組」的內容是「10 個伏地挺身」，意指的是妳應該「連續」做 10 個，中間不可完全放鬆掉肌肉，必須保持適當控制。如果做不滿 10 個就因無力而被迫放鬆，表示妳現在的肌肉能力還無法完成課表中定義的「一組」。

「連續 10 個」跟「先做 2 個後放鬆肌肉休息幾秒＋做 5 個後放鬆休息＋最後做 3 個」這兩種方法，雖然前後都是做了 10 個，完成的時間也差不多，但是效果卻差很多。因為我們的肌肉補充能量需要時間，「完全放鬆肌肉」的時刻就是肌肉補給能量物質的時候。但我們的目的是，以「有限的能量補給」來最大化鍛鍊肌肉的能力，所以如果妳忽略了「連續」的概念而中途放鬆休息，用第二種方式做 10 個的確可以輕鬆很多，可是效果也差很多！

　　然而，「不可完全放鬆肌肉」並不是要妳全程「用力緊繃」地做，正確的方式是「適當施力控制」。至於力量的大小是不是適當，妳應該能從動作過程是否「流暢」來觀察到，基本上呼吸困難、肌肉不舒服都是太緊繃的警訊，暗示妳應該調整姿勢或力度了！原則上，「有負重感但流暢、舒適、呼吸節奏搭配」的狀態最為理想。

暖身

有氧熱身

跳繩 300～500 下，或階梯運動 3～5 分鐘。

兩者擇一即可，要做到有點喘，感覺體溫跟心跳速度都有明顯上升就可以。

啟動核心活性

「核心」指的是「核心肌群」，通常指腰、腹、背、骨盆等位置，因為在身體的肌肉比率中佔很大一部份，所以有穩定的功能，可說是全身中最重要的肌肉群。

啟動核心也可以說是一種暖身，目的是喚醒原本處在靜態下的核心肌群，讓其中的神經、肌肉準備好開始活動，這樣做不但能減少運動傷害，還能增加訓練成效。

喚醒核心時「穩定性」與「靈活度」都要兼顧，使用以下三種動作，其中側面搭橋左、右兩側都做，每個動作各做三組，總共 12 組。所以當妳做完時，若覺得肌肉有點痠也屬正常。

正面**搭橋**

重點提示

● 雙下臂平行觸地，雙腳尖、膝蓋抵地。

● 臀、腰、腹收緊後向上提起，從側面看來，頭、核心腰、腹、臀、腳呈一直線，撐住 30 秒完再放鬆；30 秒中不憋氣，保持正常呼吸。

● 即使略有痠痛或發抖，都要盡量提醒自己放鬆、保持呼吸順暢，不讓肩頸跟著緊繃。

● 易錯圖在 P81

● 每撐完 30 秒算一組，喘口氣休息幾秒後再做一組，共三組。

暖身

側面搭橋

重點提示

- 雙腳併起，側身以手肘觸地，觸地點約在胸部之下，以免聳肩造成肩頸緊張。

- 側腰、腹、臀提起，若從鏡子看到自己，鼻、頸、肚臍、腳，應成一直線，撐住30秒。

- 左邊撐完30秒後放鬆算一組，休息幾秒後再做一組，左邊共做三組。做完後右邊也做三組。

- 易錯圖在 P81

臀部搭橋

【 重點提示 】

- 雙腳與肩同寬，屈膝約90度，以腳跟著地。
- 腰、腹施力挺起軀幹，讓胸口到膝蓋成一直線。
- 別讓頸部過度緊張，提醒自己放鬆。
- 在圖 2 維持30秒後放鬆算一組，共三組。
- 易錯圖在 P81

暖身

動態伸展

　　所謂「動態伸展」指的是在「動態活動」中進行伸展。相對於動態，另一種「靜態伸展」也很常見，靜態指的是在一個固定位置「停留」數分鐘之久，這兩種的伸展方法的效果是不同的。以暖身來說，原則上動態比靜態更適合。.

全世界
最好的伸展

暖身

重點提示

- 左腳在前、右腳在後，腳尖朝前，雙手與肩同寬，左手置於左內側。控制核心，讓頭到後腳保持一直線。

- 左手手肘沿小腿內側向下壓，直到抵住腳踝處，略停 2 秒。因為身體被帶動下沉，會使髖關節得到更深層的伸展。此時「左臀部外側」應有被「拉緊」的感覺；若無，可將左腳（及左髖）略轉成外八或內八，重點是要得到左臀外側的伸展效果。

- 左手改移到左外側撐地，臀部向後上方推，後腳（可）踮起。

- 軀幹回正成為弓箭步下沉，但後腳膝蓋並沒有觸地。最後，後腳推前腳回站姿結束。

- 左、右兩邊各做一～三組，每個位置只短暫停留 2 秒。

暖身

全世界
第二好的伸展

1

2 側彎

回正 3 　　4 後旋　　暖身

重點提示

● 跨步：左腳向後跨步，身體垂直下沉，雙膝都彎曲約90度。左手向
　　天空延伸，同時左膝向下延伸，感覺左手掌到左膝間的肌群被伸展
　　到最長，停留約2秒。

● 側彎：在下半身盡量不晃動的前提下，身體向右側彎。左手向右斜
　　上方延伸，導致右手幾乎要接觸到左膝蓋，這裡也停約2秒，然後
　　回正。

● 後旋：回正後左手保持延伸，右手向右後方平舉、與肩同高，掌心
　　朝上。轉體幅度越大、效果越好，在極限位置停2秒。

● 左手朝上的做一～三組之後，換另一側。

暖身

蟲蟲走路

1

2

3

暖身

重點提示

● 彎髖、雙手觸地，雙膝伸直或微彎。此時應感覺到大腿後側有被「拉長」的感覺；若膝蓋伸直時感覺不明顯的話，可彎曲膝蓋來找到拉長感，並讓肚子、大腿盡量靠近，試試大腿後側的感覺會不會更明顯。

● 雙手輪流，帶著身體向前爬行，注意過程中腰、腹、臀很容易失去力量，而垮向地板，正是因為這樣更要學習控制，目標是維持軀幹不變形、肩頸不緊張。最後請停在腰、腹、臀仍可保持一直線的極限位置。（錯姿圖在P81）

● 現在換雙手固定，雙腳模仿蟲子走路，輪流往雙手走去，膝蓋若可保持伸直最好。

● 在雙手、雙腳都能觸地的前提下，盡量做到讓手、腳最接近的位置。此時臀部會朝天空，在此停2～3秒。

● 做一～三組。

側面分腿蹲

重點提示

- 雙手插腰，雙腳伸直。
- 左腳彎曲、右腳伸直，停留3秒後回正。
- 彎曲腳的「臀部」應略有痠緊感，而伸直腳的「大腿內側」要有被伸展的感覺。
- 連續10個算一組，左邊做完換右邊。

主訓練

　　主訓練有兩套，分別是新手與進階者的運動課表，新手建議使用「徒手」課表，進階者可使用「負重器材」課表。每次練習只要選其中一種來練習即可，通常初學者在練了幾個月之後，若感覺得心應手而想再進步，就可以使用器材來鍛鍊。

　　邱教練給的這兩套課表，可循環式地鍛鍊到全身各大肌群，為了體態的均衡，我們建議妳完整地做完一整套，不要只挑其中的幾種來練，除非妳已經知道自己的弱點，想要加強、改善；或者時間真的不充裕，至少也要每兩次練完一套。

　　原則上主訓練都是每種動作做三組，所謂「一組」的定義通常是10個，或左、右交替各10個，重要的是10個中間不應間斷，需一鼓作氣做完後才休息幾秒鐘。

　　順序上，有兩種做法。初學者，我們建議妳可所有主訓練全部做完第一遍（如：P58 推床～P65 搭橋與山式）之後，再進行第二、三遍，因為一開始就要做完三遍，對初學者來說體力可能不夠，所以可漸進式地完成每次做完三遍的終極目標。如果你已經得心應手，也可以先做完三組的推床，再繼續往下一個做「伏地挺身」…，這兩種練法的最終效果並不會差異太大，請量力而為！

● 初學者課表：P58 推床～P65 搭橋與山式
● 進階者課表：P66 彈力帶推力練習～P79 Lifting

初學者的徒手練法
推床（上半身推）

注意　手肘要緊貼身體

重點提示

● 請找可靠、不易被推動的床或椅子來做，此動作是伏地挺身的簡易版。雙手伸直、身體挺成一直線預備。

● 雙手彎曲，身體請保持一直線。

● 連續10個為一組，共三組。

伏地挺身（上半身推）

重點提示

● 雙手掌置於胸口下方，撐直手肘預備，頭、軀幹、腳成一直線。保
　持直線，手肘彎曲使身體靠近地板。

● 圖 1 到圖 2 算一個，每組連續10個，共三組。

運動員蹲姿（下半身推）

初學者課表

重點提示

- 站直，雙腳與肩同寬。背部維持一整片，脊椎保持伸直延長地下蹲，上半身勿過度前傾而使膝蓋壓力過大。

- 站→蹲的過程中，請小心脊椎的方向是向「斜後下方約45度」的角度移動。

- 本動作的施力重點在「蹲→站直」過程中，下肢向地板的「推力」。

- 易犯錯誤請參照P84。

- 此動作是重量訓練中「深蹲」的簡易版。

- 連續10個為一組，共三組。

正面**分腿蹲**（下半身推）

回蹲姿

重點提示

● 雙膝微蹲，右腳向後跨，請留意雙腳的角度，後小腿應與地面平行，停留3秒後回到蹲姿。

● 弓箭步時，前腳臀部應有緊繃壓迫感，後腳小腿或膝後側有被伸展的緊繃感。

● 左腳在前連續10個算一組，共做三組，然後換邊三組。

側面分腿蹲

重點提示

● 左腳彎曲（右腳伸直）的側面分腿蹲，做10個為一組，共做三組，然後換邊也做三組。

單腳臀部搭橋
（下半身拉）

重點提示

- 仰躺,左膝蓋彎曲抬起,右腳彎膝且勾起腳跟。

- 以右腳為支撐腳,腰、腹、臀預備好施力後挺起,軀幹與大腿呈一條線,右臀部有夾緊感。

- 節奏上,可做成3秒一循環,第1秒從地板到高點,練習臀與腰腹的爆發力,第2、3秒緩慢、控制性地下降。

- 此動作會讓臀肌略痠,而非肩頸。

- 連續10個為一組,做完三組後換邊。

搭橋與山式（核心力量）

重點提示

● 從圖 1 開始收緊核心，下手臂放在地上；腳與軀幹同時上推，臀部
被推高形成「山」的形狀，核心同樣不鬆垮。

● 重複10個為一組，共三組。

——— 初學者課表結束 ———

進階者的器材練法
彈力帶**推力練習**（上半身推）

重點提示

● 將彈力帶綁在後方柱狀物體上，高度與手肘同高，上臂與彈力帶約
呈90度角。左、右手握住兩端，握姿可掌心朝內（身體）或掌心朝
下。彈力帶此時不宜過鬆或過緊，可調整手握位置來決定起始位置
的鬆緊度。

● 雙手一起向前移動。

● 重複10個為一組，共三組。

● 節奏上，可用2秒做一個循環，第1秒雙肘夾緊貼近身體，第2秒推
出去。

● 錯姿圖在 P85

啞鈴**垂直上推**（上半身推）

進階者**課表**

重點提示

● 單手持啞鈴於肩上、手心朝自己做準備。另一隻手插腰。

● 手伸直將啞鈴推到最高。

● 連續10個為一組，左、右兩邊都要做三組。

● 錯姿圖在 P82

啞鈴**垂直上拉**（上半身拉）

重點提示

- 雙手持啞鈴微蹲，檢查臀部勿過度後傾。

- 手肘彎曲提舉啞鈴接近胸口。

- 從圖 1→圖 2算 1 次，連續 10 次為一組；共做三組。

- 節奏上，可用 3 秒當一次循環，上拉時1秒，放下時 2 秒。

- 本動作一直在蹲姿的設計，是為了在鍛鍊手部的同時，也強化「核心、髖關節、大腿的『穩定』」能力。所以請多留意過程中要一直保持這三處穩定不變形。

啞鈴**下肢垂直推蹬**（下半身推）

重點提示

● 雙手持啞鈴後下蹲，檢查臀部勿過度翹起，上半身重量不要過度前壓，而使膝蓋感受過大壓力。大腿盡量與地面平行。

● 用臀部與大、小腿後側的力量「垂直向上推蹬」，推蹬是本動作的施力重點。

● 上半身請盡量保持固定，下蹲改變的是髖關節角度，加上負重是為了強化髖關節的推力，做完後應會覺得臀部、大小腿（尤其是後側）有些痠。

● 建議3秒為一循環。下蹲過程2秒，推蹬直立1秒。

● 連續10個為一組，共三組。

啞鈴**側面分腿蹲**（下半身推）

進階者課表

重點提示

● 雙腳站直，雙手持啞鈴置於兩腳中間。

● 重心移到左腳彎曲停3秒。

● 單腳連續做10次為一組，左、右兩邊都各做三組。

啞鈴**正面分腿蹲**（下半身推）

進階者課表

3
回蹲姿

重點提示

● 雙手持啞鈴置於身體兩側，右腳向後跨步，小腿與地面平行，停留
3秒後回到蹲姿。

● 本動作著重在前腳的上、下推蹬訓練，所以請留意是否有正確使用
到「前腳」的推力。

● 左腳在前連續10個為一組，共三組，接著換邊三組。

啞鈴髖關節水平拉（下半身拉）

進階者課表

重點提示

- 雙手持啞鈴、微蹲，雙手自然下垂。

- 想像一條水平線穿過髖關節。經過臀部（髖關節）中間，沿著這條線，身體在回正過程中，要「用力縮緊臀部」。

- 圖 1→圖 2 算一個，10 個為一組；共三組。

- 本動作意在訓練臀部、大腿內側與後側、骨盆內的肌肉，重點是從圖 1 到圖 2 的過程中，要沿著水平路線「縮緊臀部向前夾」。

- 節奏上，可採用 2 秒一循環，第 1 秒彎臀、第 2 秒縮臀夾回，其中第 2 秒才是重點。

正面**搭橋** 1分鐘

重點提示

● 每組要持續1分鐘，共做三組。

● 有些人做接近1分鐘，會有肚子抖現象，算是正常。但過程中莫因緊繃而閉氣，應保持正常呼吸。

● 由於是進階動作，可放藥球或約2公斤的重物在背上，加強負重。

U型**核心訓練**（軀幹曲屈力量）

進階者課表

重點提示

● 平躺在地，腳、手臂朝天空。

● 腹部用力，帶動體型呈現類似U型，此時臀部、上背部、頭部會離
地，並感覺到腹部肌肉收縮。請注意用腹部上抬，勿使肩頸僵硬。

● 圖 1→圖 2 算一個，連續 10 個算一組，共三組。

● 節奏上，腹部收縮使用1秒，放鬆用2秒，所以是每3秒一個循環。

● 本練習目的是鍛鍊腹直肌，做完可能感覺腹部有痠疼感。

蝗蟲式（背部核心延伸力量）

進階者課表

重點提示

- 趴姿，雙手掌心朝下，放置臀部兩側。
- 四肢、頭部同時延伸抬起，作放射狀延伸。
- 圖 1→圖 2 算一個，10 個算一組，共三組。
- 抬起時，小心別讓肩頸僵硬、緊張，請提醒自己放鬆。

Chopping砍柴
（側身穩定與旋轉力量）

重點提示

- 將彈力帶緊緊綁在身體右上方的柱子上，雙手握彈力帶。

- 迅速將彈力帶由右斜上方到左斜下「用力」拉下，就像樵夫正在 Chopping（砍柴）的動作。

- 可採用 4 秒為一循環，第1秒先向斜下Chopping（砍柴），第 2〜4 秒慢慢回復到起始位置。

- 此動作應會大量使用到腹部，尤其是下腹，所以做完覺得有點痠是正常的。若感到痠的不是腹部而是手的話，請留意是否駝背！請挺直核心，試著感覺從腹部施力。（請參考 P82 的站立錯姿圖）

- 綁帶的位置應配合自己的身體，而不是讓身體去配合柱子；在施做時，彈力帶應是沿著「右肩斜前方到骨盆左方」的連線去移動，另一邊則方向相反。當過高或過低，訓練功能都會變差。

- 彈力帶厚度、施作者的手持位置，都會影響強度。剛開始做時，可選擇低強度彈力帶，起始位置的手不必握得太高，握得太高可能造成聳肩及肩頸僵硬。做完10個之後應覺得略痠但不至於痛，等到肌肉能力漸漸增加，若覺得10個已經沒什麼感覺的時候，就可換成強度更高的帶子，即可持續進步。

- 連續10個為一組，共三組。相同方法，將繩子綁在身體左上方，朝右下方Chopping（砍柴），也做三組。

Lifting（提起）

進階者課表

重點提示

● 將彈力帶綁在身體的左下方柱子上，雙手握好。

● 像拔蘿蔔一樣，「用力」向右上方提起。

● 以4秒做一循環，第1秒用力且迅速，第2～4秒慢慢回復到起始動作。

● 應會大量用到腹部，錯姿圖請參考P82

● 綁帶的位置，要在「骨盆左邊跟右肩連成的直線」上；做另一側時原則相同。

● 連續10為一組，共三組。做完後將帶子綁在身體右下方柱子上，向左上方提起，也做三組。

必讀錯姿

做錯反傷身！

　　動作不是「有做就有效」，還要「做得對、做得準」才能練出好的身材、好肌肉。

　　以下這些常見的錯誤，如果沒有特別留意，做錯了反而會長成難看的體態，長期下、情況嚴重的話，甚至會造成痠痛不適或受傷，所以請務必多注意這些「關鍵的錯誤」！請牢記正確的原則，來完成接下來的暖身、主訓練。

　　以下內容是以「原則」方式來條列，分別是「身體中線的平衡性」、「肩頸」、「手位置」跟「蹲姿」；在了解原則後，可翻閱各項目的頁數交互參照，多看幾次後就能熟練原則。畢竟人體可做的動作千變萬化，不是只有本書中的內容，所以學會了這些原則，不論行、走、坐、臥或進行其他運動，妳都可以舉一反三去應用，擁有更好的身體品質。

常錯 01 「橋式」、「平板式」身體未保持一直線

錯姿 01
（平板時）脖子沒控制＋聳肩＋駝背

錯姿 02
（平板時）臀部過度抬高＋聳肩

易錯項目
正面搭橋（p47）、側面搭橋（p48）、臀部搭橋（p49）、蟲蟲走路（p54）時軀幹呈平板式的過程、伏地挺身（p60）。

在這裡僅以正面搭橋為例，請讀者留意其他動作也要保持「一直線」的原則。

必讀錯姿

正解
平板的定義：應保持「頭、軀幹、腳」呈一直線才正確。

Correct

常錯 02 上推時凸肚子「平板式」身體未保持一直線

Wrong

易錯項目

啞鈴垂直上推（p67）、
所有站姿

Correct

正解

當核心沒有控制好
時，手上推容易使肚
子過度突出（尤其本
來就有大肚子的人，
肯看起來特別明
顯），復位時肚子卻
回正了，這樣做會使
腰椎被過度壓迫，練
了一段時間後，可能
會腰痠或受傷。

×

錯姿 03
站立時肚子外凸

常錯 03 肩頸緊縮或太緊繃

錯姿 04

「U型訓練」時只用脖子用力上提，未正確使用軀幹，使肩頸緊繃。

易錯項目

蟲蟲走路（p54）、
U型核心訓練（p75）

正解

請參閱錯姿圖1跟4，前者是脖子過鬆沒施力控制，造成聳肩；後者是用力太多，剛好相反，也都不好！脖子的鍛鍊原則，應該是要跟肩、軀幹一起「均勻地」施力才對。

必讀錯姿

常錯 04 蹲姿時上半身（重心）過度前傾 或駝背，易使膝蓋受壓

必讀錯姿

易錯項目

正面分腿蹲（p62）、
側面分腿蹲（p63）、
運動員蹲姿（p61）
這裡僅以側面分腿蹲
為例，請讀者自行留
意其他蹲姿。

正解

蹲姿時易犯的共通錯
誤，易使支撐腳膝蓋
受傷，從施作者側面
來觀看最清楚。
錯姿圖 5 駝背的矯
正法是臀部略向「斜
後下方」移動，並控
制脊椎成一直線，重
心就會回到中間。而
錯姿圖6的矯正法，
是留意雙髖、雙膝外
開角度要一致。

錯姿 05
「側面分腿蹲」時駝背

錯姿 06
「側面分腿蹲」時
支撐腳過度前傾

常錯 05 手肘未貼緊軀幹

錯姿 07

「推床」或「伏地挺身」時，觸地間距過寬，或手肘外張幅度很大。

錯姿 08

「彈力帶推力練習」時，手肘過高，造成聳肩。

易錯項目

伏地挺身（p60）、彈力帶推力練習（p66）、推床（p58）

必讀錯姿

正解

錯姿圖7的推床（或伏地挺身）寬肩版，其實不一定是錯，但因為容易練成駝背或聳肩的外型，較不建議女生這樣做。

手肘動作時，移動軌跡要控制清楚，手肘分別沿著兩條平行線前、後動作，並略向身體中線「夾緊」。

收操

　　同樣的動作，為什麼在多本瑜珈、運動書籍裡都出現過，但是指導的重點卻不一樣呢？究竟哪一個才是正確的呢？

　　邱瑜婷教練説：「沒有絕對的對錯，要看妳的目的而定」。例如下面其一的「蝴蝶式」，有些書籍告訴妳背要挺直延伸不可彎曲，盡量讓上身挺直地接近腳底，但有些書要妳放鬆、圓背即可，這就是「目的」的不同。

　　在這裡，由於收操的目的是為了放鬆、伸展肌肉，所以邱教練説：「感覺到伸展，且自己感覺舒適就可以了！」，所以在收操時，就請妳放下積極鍛鍊的心情，迎接像瑜珈一樣舒緩、自在的「收操」吧！

収操及保養

坐姿**前彎**

收操及保養

重點提示

● 雙膝盡量伸直，手的位置不必一定摸到腳掌，觸摸小腿或膝蓋也可以，肚子與大腿盡量靠近，放鬆地去做。

● 停留3～5分鐘，柔軟度會隨著時間而改善。

● 手不一定要摸到腳掌，請多留意肩頸的感受，當肩頸緊繃，可能是手太接近腳掌，請收回一些，以肩頸放鬆為主。

● 因為膝蓋伸直，大腿、小腿後側應有拉長的感覺，但伸不直也沒關係，可略彎，只要有肌肉被拉長的感受即可。

蝴蝶式

重點提示

- 雙腳合掌，雙手握住雙腳。
- 軀幹放鬆地延伸向前，不必刻意用力去直背或弓背。
- 停留3～5分鐘。

鴿式

收操及保養

重點提示

● 左腳在前、右腳在後；前腳彎曲，後腳可彎曲放鬆，也可伸直。

● 軀幹向前伸展，最後放鬆到腿上，雙手自然向前舒展。

● 初學時若覺得動作太難，可先在前腳臀部下墊大毛巾來做。

● 在圖 2 停3〜5分鐘。左腳在前的做完換右邊。

半魚王式

重點提示

- 右腳彎曲後，跨越左腳頂住左邊大腿。

- 上半身向右旋轉，直到左手肘抵住右膝，並持續感覺到脊椎往上方延伸。

- 在此停留3～5分鐘，結束後換邊做。

- 上半身旋轉時，骨盆、下半身雖有些微被帶動，但請盡量讓它們保持在原位。

- 左手抵住右腳時，背部因為扭轉帶來的張力，也會感覺到被延伸。

- 動作過程中，臀部（坐骨位置）請保持一直碰觸到地板，盡量不離地。

嬰兒式

重點提示

● 身體成跪姿放鬆，雙手放置前方地板，閉眼靜心放鬆。

● 停3～5分鐘。

海獅式

收操及保養

重點提示

● 趴姿，雙手放置胸部兩側。

● 手肘撐起，伸直或微彎皆可，帶動脊椎一起延伸。此時頭可能看到正前方，但柔軟度更好的人可能看到斜上方，都是可以的。重點是要感覺到脊椎的延伸與放鬆，特別是腰部以上的脊椎。

● 盡量停留3～5分鐘，但此動作跟手的力氣有關，若手痠無力，可分成多次進行。

● 有些軀幹較僵硬，或手力氣小的人，剛開始做這個動作時會較辛苦，容易感覺軀幹很重，因此壓迫到肩膀。這種情況需要加強鍛鍊軀幹的柔軟度和支撐力，所以課表中的軀幹訓練跟收操中的「鴿式」、「魚王式」可多加強。

● 手向下撐時，順著向地板的力量，肩頸應會自然地反向上挺起，而不是脖子越縮越短，甚至陷入雙肩之間，做的時候若發現脖子縮到看不見了，就要提醒自己延伸肩頸。

● 不論眼看前方或斜上方，都應是脊椎延伸而形成的自然角度；切莫太過心急，硬要將頭向上抬，而增加脖子與下巴之間距離去代償。這樣做會使脖子後方受到壓迫，若脖子的前、後肌肉並沒有同時延伸，是錯誤的。理論上做此動作時，妳脖子、下巴之間的距離，應與妳在正常站姿、眼望前方時的距離差不多。

疲勞恢復術：滾筒、按摩、游泳、泡湯、熱敷

運動完的隔天或兩天之內，常會發生「延遲性肌肉痠痛」，也就是台語俗稱的「鐵腿」。但鐵腿可不只發生在腿部，幾乎全身都有可能，最常出現在妳提高運動強度的隔天或 2 天之內。

為了減少痠痛，「拉筋」是重訓教練最常用的方法，本書中邱教練也告訴妳，為了同時擁有適當的肌肉量與修長的線條，妳甚至可以將瑜珈伸展的時間拉長到重訓練習的2 倍以上，或者將我們提供的力量訓練課表中，最後伸展的那部分每次進行兩遍，也就是做40分鐘以上的伸展。不過，即便妳只有做20分鐘的伸展，也有排除疲勞物質的效果。

泡棉滾筒：每次運動完使用，勿過度。

現在在台灣流行的泡棉滾筒，是隨身可攜帶的按摩器具，最大的功能是可「即時」放鬆緊縮的肌肉，若在拉筋完立刻使用，會比運動完數小時後再使用，更能減少隔日的延遲性痠痛。沒有運動的人，也可以用它來紓解日常生活中的痠痛、身體緊繃。

需要提醒讀者的是，如果過度使用泡棉滾筒，也不是件好事，可能造成筋膜的受傷，引起發炎，而受傷在3天以內急性期的人也應暫停不用。

然而，「適度」與「過度」的界線在哪裡呢？邱瑜婷教練回答說，妳使用時，應該感覺被按壓部位的痠痛應該是慢慢「融化」的，且是尚可忍受的痠疼，如果受壓的感覺是「緊繃、緊縮」的，就很可能已過度壓迫筋膜，請暫停使用。

以下是幾個大肌群的滾筒使用法：

收操及保養

小腿肚

重點提示

● 將一側小腿壓在另一側小腿上，利用自身體體重施壓，前後滾動並
按摩小腿肚約1分鐘，遇到痛點可停留30秒～1分鐘。

小腿**前側**

收操及保養

重點提示

● 用雙手幫助支撐身體，背部保持挺直不駝背，以滾筒輕壓小腿前側、來回滾動約1分鐘，遇痠痛點還可停留30秒～1分鐘。

大腿**後側**

重點提示

● 將一邊的大腿後側壓在滾筒上，另一隻腳覆壓在上面，單側前後滾
　動約1分鐘後，再換邊。遇痠痛點可停留30秒～1分鐘。

大腿**前側**

重點提示

● 將滾筒放置於大腿前側，用身體跟手輔助前後滾動約1分鐘，可在
膝蓋上方的股四頭肌加強按摩。遇痠痛點可停留30秒～1分鐘。

大腿**外側**

重點提示

● 滾筒置於大腿外側接近膝蓋位置，雙手向外推，讓滾筒向大腿上方
移動，來回滾動。遇痠痛點可停留30秒～1分鐘。

大腿內側

【重點提示】

● 側躺將一側的大腿內側跨放在滾筒上，內外交互滾動約1分鐘。遇痛點可以停留30秒～1分鐘。

臀部

收操及保養

重點提示

● 此圖右腳翹起跨到左腿上，身體偏向右側使滾筒壓到右側臀部，前
後滾動約1分鐘，做完再換邊。遇痠痛點可停留30秒～1分鐘。

背部

收操及保養

重點提示

● 腹部肌肉略控制收緊，讓軀幹不鬆垮、肩頸也盡量放鬆，來回滾動背部。

按摩：深層按摩每周1小時～1.5小時。

　　因為按摩大多是由專業人士「親手」處理，排除痠痛、放鬆肌肉的效果會比滾筒更深層，不過價格也高很多。

　　有些情況不宜按摩，那就是「剛受傷」，例如：運動傷害、摔車、強大的碰撞、瘀血等等，這些情況伴隨而來的疼痛，並不會因按摩而消失，反而會因傷口被揉搓而妨礙癒合、擴大發炎，如果是在受傷後的 3 天急性期內去按摩，還可能增加出血。所以只要受傷，就該使用ＲＩＣＥ原則（本書後面將提到），不宜在 3 天內按摩。但急性期過後，溫和的按摩有助於血液循環、傷口癒合，還能預防組織沾黏。

　　另外，肌肉僵硬如鐵板的人，或該處曾受過舊傷並已引起沾黏的情況，在深層按摩時也會感到相當疼痛。有時候按得太深，反而可能造成隔日的肌肉痠痛。不過，對於這類肌肉太僵硬，或有沾黏組織的情況來說，適當的按開肌肉、筋膜是有益的，可促進傷處的血液循環，使老廢物質更順利排出，營養素可順利進入組織被吸收，只不過手法上，可以請按摩師傅溫和一些。

　　在歐、美等國對運動生理學較進步的觀念中，最理想的做法是在暖身前有短暫，約10多分鐘的按摩，運動後拉筋伸展完、沖完澡之後，還有半小時的按摩，如果沒有按摩師傅，也可在伸展完使用滾筒。因為整套流程做完的步驟繁複，所以往往只有專業運動員才能享受到這種高等級的待遇。國內現在也有些「小而美」的業者開始引進這種流程，但因為操作的教練須懂得運動生理與按摩技巧，所以很難在大型健身房落實，反倒是小型健身房才容易有效控管品質。原則上，建議有規律運動習慣的人，最好維持每周半小時～1 小時的深層按摩。

游泳、泡湯、熱敷：可常常使用

游泳、泡湯、熱敷是用水療，或熱療的方式幫助疲勞物質排除，但對運動員來説，有個缺點是它屬於全身整體性的放鬆，較難針對單一部位加強。至於頻率方面，並沒有特別限制，常常熱療、水療的人，肌肉也比較不會僵硬，即使不運動的人都可以使用。較需留意的禁忌在於，剛受傷在3天內急性期的人，不宜泡湯、熱敷，而3天以後就無限制。

收操及保養

我們運動，我們做自己

「黑色簡約」是重量訓練的
終極顏色，「專業教練」應
有像黑色一樣堅韌的身心力
量跟紮實的教學力。

桃、黑交錯的色調，提襯
Cora教練剛柔並濟的特質。
「剛」來自於十多年跆拳道鍛
鍊出的勇氣；「柔」是那顆綻
放歡笑、溫暖與天真的心。

現在有很多天生身高170公分以上、骨架小、臉蛋好的名模，只要健身幾個月就能有美妙的線條，讓人很容易誤以為，自己也可以變成名模的樣子，但其實這真是天大的誤解！每個人的骨架、肌肉樣子都不同，如果「妳」只是盲目追求纖瘦、高　美，反而容易失去自我，而錯失了認識自己體型魅力的機會！

人的身體、心靈是很難分開的，藉由誠實面對、認識妳的身體，才可能找到心靈上真正的自信。

紫色的Joy是高階主管，也是兩個孩子的媽；無數現代蠟燭兩頭燒的婦女，就像這內斂的紫色一樣，低調、溫柔、富有智慧。

邱瑜婷教練：復胖？妳不會比我更容易！

小檔案

- 29歲、身高170公分、運動經驗20年
- 師範大學競技系（專長西式划船）
- 師範大學體育研究所
- 德國波茨坦大學運動治療系深造
- 德國波茨坦Club Active運動中心治療員

　　從小練田徑、西式划船一路上來的邱教練透露説，她其實是很容易復胖的體質，別看本書裡的照片這麼有自信，其實成長過程中有多次「自卑」的心路歷程。

　　當初保送師大競技系，來到師大這個文青氣息濃厚的地方，看到其他系所女生纖瘦、有文藝氣質的體態，對比自己不得不為了「西式划船」而練得比男生還粗壯的下肢，心裡真的非常自卑！但為了在運動場上「求勝」，也只能強忍難過。當時曾胖到70公斤。

　　到了德國深造，可能是不適應環境造成內分泌失調，有一段時間即

使每天瘋狂運動幾小時、節食仍瘦不下來；只好用雙手對大腿外側刮痧，到了夜晚竟一直排尿，終於讓水腫緩解。回台時，體脂率竟還高達32％！

回台後，「為了減肥」她開始練鐵人三項，也得到了不錯的比賽名次，並成功提高肌肉比率而瘦身成功。但是，在此時她終於了解到，自己從小以來一直是「把身體當成一種工具，不是為了健康而動，是為了爭勝、減肥而動，所以身體秩序大亂、反撲、復胖，在運動中也不快樂！」

現在的她，不再追求名次，把運動搭配瑜珈一起做，享受身體＋心靈平衡的快樂，也找到「真正的自信」。邱教練語重心長地提醒讀者說：「妳不需要那些花俏的器材，妳只需要正確、基本的動作，不要用大錢買希望，『真實的快樂』並沒有那麼難得到！」

經過20年外在的試煉，邱教練從場上逐勝的運動員逐漸變成一個探索心靈的使者，她的經驗讓我們看到，身體不能當作一種工具來耗用，所以在妳運動或想減重的時刻，請想想看對妳的「心」來說，運動究竟有什麼意義？

Cora 教練：運動中，可貴的是人情！

小檔案

● 26歲、運動經驗16年

● 國立體育大學技擊運動技術學系-跆拳道

● 彰化女中-運動績優生保送

● 2014仁川亞運國家培訓隊選拔-第三名

Cora還是個26歲的年輕女生，但仔細一看，運動經歷竟赫然已16年！

高中以前，因學制轉變的關係，一直陰錯陽差沒念到體育班，但秉持熱愛運動的心，她跆拳道、田徑、躲避球、拔河全都碰，完全就是個好動的中性女生，但直到大學才有機會進入專業的國立體大，專攻跆拳道。

沒唸到體育班的她，愛運動、好勝的心卻絲毫沒被澆熄，堅持在一般學制下念好普通科目，還要保持一天數小時的運動練習。在她成長過程中，每天都充斥著滿滿的身體疲倦，這對一個成長中的孩子來說，是

一種愛、恨交織，「蛻變成美麗蝴蝶的代價」。

　　更特別的是，Cora家四個孩子中，有三個走上運動之路。其實，她的父母經濟能力並非優渥，且在彰化鄉下那種觀念較「閉俗」的地方，這樣的父母要忍受多少旁人的冷嘲熱諷、看好戲的閒言閒語啊！「運動有什麼用？！以後賺得到錢嗎？」但因著這樣的寬容和愛，才培育出現在年紀輕輕就懂得待人以情的Cora。

　　現在教課時，Cora會想起以前父母的包容、教練的關懷，試著將這份感動傳達給學生。有時候，運動中求勝心與體諒之情，並不那麼容易取得平衡，她現在還在繼續學習中；但是她很清楚的是，這種剛、柔並濟的態度，是養成一個運動員、教練最好的動力泉源，也是身心平衡的一種絕佳展現。

　　很多老一輩的人認為「運動有什麼用！？」，但在她身上，我們看到運動竟是一種延續情感、快樂、自信的方式。所以，誰說運動沒有用呢？！

上班族 Joy：運動時，我只跟自己對話

小檔案

- 35歲、運動經歷5年
- 運動項目：重量訓練、路跑、高爾夫球
- 正職工作：服裝公司主管

　　有著精緻五官、秀麗氣質的Joy，是兩個學齡前孩子的媽媽。很幸運地，她有一個同樣熱愛運動的老公，在彼此的鼓勵、督促下，他們每周一次一起上健身房運動，並且各自在周末找出一個時段，輪流帶孩子，單獨從事另一樣自己喜歡的運動。

　　夫妻兩人都是高階主管，共同經營自創品牌的服飾公司，雖然時間上比員工彈性，但心理上的壓力並不小；即使非常忙碌，兩人對運動仍然非常堅持。

　　Joy一開始運動，是在生完第一胎後想要減重，但真正發現對運動的「欲罷不能」則是在生完第二胎後。現在的Joy已有五年運動經驗，且在

2014年底成功挑戰了21公里的「半馬」，給自己立下一個里程碑。

　　Joy説，要在家庭、工作的忙碌中，找出空隙來運動，真的需要非常「堅持」，但是，職業婦女其實一直在為丈夫、孩子、工作付出，不是説付出不快樂，但的確很少擁有與自己獨處的時間。而運動，就是可以「只跟自己對話」的時刻，重新整理自己之後，充飽電再出發！

　　雖然「纖瘦」不是美麗的唯一價值觀，但運動多年的Joy的確有著一副許多女生羨慕的纖瘦身材。長久以來正確的運動觀念、保養法，加上節制的飲食養成了現在的體態，而Joy卻説，她就是少吃消夜而已。

　　不過，從外人的角度來看，是Joy對生活的認真態度，及夫妻兩人對健康的高度要求，經過長期的累積，才造就了她「易瘦難胖」的體質。

　　人的體型都是對自我認知，加上長期歲月累積的成果，其實上天很公平，不論現在正在閱讀本書的妳是怎麼樣看待妳的身體，可以確定的是，只要有想變好的心加上持續努力，有朝一日肯定能得到專屬於妳的身、心平衡，及真實的快樂！

PART 03

正確安全的
肌肉鍛鍊法

到健身房跟在家練有什麼不同？在家練最大的缺點就是「偷懶」，而
健身房有教練或朋友督促，有些健身房甚至就在妳公司附近，就不容
易偷懶，不過如果家中有足夠的空間、按摩器具與浴缸，其實在家更
有條件享受一套完整的「運動＋ＳＰＡ」。

到了健身房，設備雖然更好，但很多人不喜歡被業務員騷擾，更怕花
了錢又遇到不好的教練，畢竟「丟荷包又傷身」才是最輸不起的！另
外，有些人想進階使用更大的重量來鍛鍊，但自己經驗不足，此時可
能非常需要藉助健身房的固定式器材跟教練來進步。

本章告訴妳，不論自己練或到健身房，怎麼練才能有效又安全。

哪種器材適合妳？

　　要找到適合自己的重訓課程和教練之前，你一定要先弄清楚「練肌肉的目的是什麼？」，像前面我們介紹的「力量訓練」就是以鍛鍊肌耐力為主，強度很輕的一種重量訓練，它主要的功能是幫助保持好的線條、體態，跟維持基本的運動量。但當你到健身房重訓，就很難要求一對一的教練只給你強度這麼輕的訓練，此時你應該怎麼選擇或溝通，才能正確達到你的目的呢？

肌肉有千變萬化的功能

　　以下我們看到的表格，是肌肉對「負重」的反應。當肌肉受到「不同於日常」的壓力，為了因應生活所需，它就會對應外界的刺激，而發展出新的功能。這些新功能，就是我們的「訓練目的」，像是「提升肌耐力」、「增加肌肉量（肌肉肥大）」、「增加肌力（肌肉的力量）」、「個人最佳表現」及「爆發力」等等。

　　一般一對一的重訓課程，教練基本上也是照著這些原則來訓練學員，從肌耐力的提升，逐漸晉級到個人最佳表現及爆發力。然而，並不是所有學員都必須要練到最後這兩個階段，妳的課程內容應該是根據妳的需求來設計。

　　這個表乍看下很複雜，但其實它遵循一個基本原則，就是初學者從「肌耐力」起步，負重量較輕，但「每一組」的反覆次數較多；而越到後面，負重量就會越重，而「每一組」的反覆次數就會越少；「負重量」跟「反覆次數」原則上成反向關係。

　　記得我們前面提過「組數」的概念嗎？重點是，在一組內的動作，必須「連續做完」而中途不能完全放鬆肌肉，做完一組之後才能完全放鬆休息。所以，這裡的執行重點也一樣，一組之內要連續反覆多少次，也會隨著妳的訓練目的而有所不同。

表：肌肉訓練的目的性

強度	階段目的	負荷量（佔最大肌力的百分比）	一組的反覆次數（次）	組數	組間休息時間	一周幾次	進行周數
低	肌耐力（初級準備階段）	50～70%	12～20	1～3	1分鐘	3	2～3
	肌肉肥大	60～80%	8～15	3～5	1分30秒	3	4～6
	增加肌力	85～95%	2～6	3～6	2～3分鐘	2～3	6～8
高	個人最佳表現	90～100%	1～4	4～6	2～3分鐘	1～2	2～4
低、中、高交替使用	增加爆發力	60～85%	6～15	4～	1分30秒	2～3	4～8
無	休息	從事其他活動，進行少許，或根本不做重量訓練，以便有恢復的時間				2～5	1～3

　　說得更簡單一點，妳拿越輕的重量，可以重複做越多次；越重的重量，肌肉能舉的反覆次數就變少了。這跟我們日常生活中舉重物的習慣其實是很接近的，只是重量訓練的原理將肌肉鍛鍊科學化、數據化，並非日常生活中那種隨意無章的負重方式。

　　科學化、數據化之後的結果，妳可以看到表中連每組之間休息的時間、一周可鍛鍊的次數、周數都詳列出來。原則上，妳甚至只靠這張表，自己就可以排出重訓課表。

　　所以妳現在可以了解到一點，為什麼我們前面說「重訓≠大肌肉」

了，因為肌肉可以練成的品質有很多種，就算妳想練成某種樣子，還需要有適當的鍛鍊量、組數和負重量，並不是隨便拿個啞鈴練習，就能鍛鍊出大肌肉。

這個表妳不必擔心看不懂，我們在後面還會慢慢再加入更詳細的解釋；而且當妳到健身房上課，鍛鍊的經驗越豐富，教練給妳的訓練法可能變得越複雜。這個表格放在這裡，只是希望妳對於肌肉鍛鍊的基本原理有個初步認知，到了健身房，妳該做的就是跟教練溝通，「問清楚」他給你設定的計畫是怎麼樣的。

要提醒妳的是，初學者只需要理解這個表的「原則」即可，這些數值會隨著個人差異而有些微調，不必斤斤計較，即使連重訓教科書的數字，也會有些微落差。

看懂專有名詞

負荷量：

就是你實際上舉多重的物品，例如：公斤、磅等等。因為本表格中講的是原則，所以沒有以實際重量來表達，而是用「最大肌力的百分之幾」的比例值來表示。不過，實際在排課表時可以直接寫上負荷量，例如：25公斤或50磅，這兩種表示法都是可以的。

實務上寫磅數的會比公斤來得多，因為大部分器材的負重槓片都是以「磅」來做單位。

最大肌力：

指的是一個人的單一肌群在「唯一」一次收縮之下，能抵抗負重物

品的最大力氣。也就是「用盡力氣」，「只能完整做完一次」反與覆，卻無法「完整做完」第二次，所能施展的「那個第一次」最大力量的數值，例如：100磅。

舉例來說，假設妳的最大肌力是100磅，表示妳目前（某個動作）可施展的最大力氣，只能推動或舉起100磅重量的物品，並順利地回到起始位置。即使妳試著做好第二次，但就是無法完整做完第二次的動作，很可能在做到某個位置時，就發生肌肉太痠或無力等現象，不得不被迫放棄，無法完整做完。而這個「被迫放棄」的位置，可能是在起始位置，也可能是在「起始位置到最遠位置」的過程中，甚或是從最遠端回復到起始位置的路上。

因為100磅「始、終」只能做完第一次，我們稱100磅就是妳目前的「最大肌力」。

（一組的）反覆次數：

也就是妳每組連續做動作多少下，而中間沒有休息。

組數：

每次做完後肌肉「完全放鬆休息」，就算一組的結束。

組間休息：

指的就是妳做完一組之後，到下一組之前要休息多久。

為什麼連休息時間都要算好呢？這對初學者來說恐怕很難理解。不過實際上越是進展到高階訓練，為了求得好的成果，就越需要遵守組間

休息的時間。若組間休息得太長或太短，效果就會打折扣。

對於初學者來說，先把它當成一種原則來看就好。

一周幾次、進行周數：

因為運動後的疲勞需要復原期，當肌肉還很痠痛時，不可以為了求表現還硬用高強度再操它，這樣很容易受傷。

一周練幾次，雖然課表中有明定，但每個人的情況還是會有差異。原則上，高強度的訓練，會讓妳痠痛3天以上，所以一周可能只能練到2次；中強度或許讓妳痠痛2～3天，所以一周妳可能練到最多3次；而低強度的話，也許一周5天也不太覺得痠痛，是有可能的。

強度是看整體的訓練量，對妳身體來說是高、中或低。本表中的強度設計大約是中或高，所以一周最多練3次，最少1次。

進行周數，是假設一個受訓者要從最低的強度（肌耐力訓練），持續推進到個人最佳化的表現而設定的。因為一個階段訓練了幾周之後會出現「高原期」，也就是看似無法進步的瓶頸期，此時就可以向下一個階段前進。

不過如果受訓者不以個人最卓越的表現為鍛鍊目標，也可以維持目前的訓練內容，不一定要改變。

(總)訓練量

（總）訓練量＝負荷量*反覆次數*組數

訓練量可以衡量某次訓練的總負荷量，所以也有人稱為「總負荷量」。如果能負荷更高的總訓練量，基本上是體能增進的一種表現。

看懂課表內容

　　看懂了前面的幾個名詞，跟表格中設計課表的原則，這裡我們來看看教練幫妳排課表時，妳可以看懂嗎？

　　當教練在課表的某一欄填上「Ａ器材、40％最大肌力（或ＸＸ磅）、15次、二～三組」時，就是「要求」妳推動或舉起「40％最大肌力」的重量，每組反覆動作15下，做完15下後放下重物休息一段時間，再做第二組的15下，第二組做完後可依情況決定是否要做第三組。

　　初學者一開始可能不易了解，又是「負重量」，又是「反覆次數」，又有好幾組。不過，這個階段很快就會過去，不必太過擔心，妳真正需要留意的，是教練設計的組合，對妳來說是否太輕或太重，妳的感受教練是否有聽進去，願意與妳溝通？

　　在這裡，「40％最大肌力」實際上到底是多重？這個答案是因人而異的。假設妳某個動作的最大肌力是50磅，那麼這次用Ａ器材，教練應會幫妳預先設定20磅的負重量（＝50磅×40％）。妳要做的，就是抵抗這大約10公斤的阻力，反覆做15次來做為第一組的鍛鍊。

　　假設妳的朋友Ｂ小姐，最大肌力是40磅，而教練也給她「Ａ器材、40％最大肌力（或ＸＸ磅）、15次、二～三組」，她跟妳不同之處，就在於她的負重量是設定在16磅（＝40磅×40％）。所以，一個人實際上要舉多重，原則上是看妳當時（做某個動作）的最大肌力來決定的。最大肌力是設定負重量的基礎，不知道最大肌力，排出來的課表不符合重訓理論科學化的原則，而且讓妳有更大的受傷風險。至於最大肌力的取得法，我們在本章後半部有進一步說明。

循環式、鐵片式、自由器材

健身器材對一個真正專業的教練來說，只是一項輔助工具，也就是說，很懂得教授的教練，甚至不需要很專業的場地，就能將學員教得很好。因為訓練的必要元素是「阻力」、「正確的姿勢」跟「適合的計畫」，所以即便沒有專業的器材，只有裝水的寶特瓶或學校操場，但是教練的觀察跟判斷夠正確、敏銳的話，還是可能有良好成效。相反地，即便在器材最完整的健身房中，卻沒有好教練，那學員不但容易受傷，而且受傷的程度還可能相當嚴重，因為有些器材的負重量或姿勢角度，可以調到超過學員所能負荷的極限!

以下讓我們先來看看各種器材，再來分析它的利弊。

循環式

顧名思義，「循環式」就是由一圈不同器材圍繞而成的團體運動方式，每一個器材就是一站，學員只要聽音樂的節拍，就知道何時該交換到下一種器材，每一站的使用時間都不超過1分鐘。廠商主打的訴求是「30分鐘健身」，這種器材的特性就是阻力小、用氣壓當成阻力，所以比較安全，不易有「突然」施力或負荷量過大的問題，相較起來較不容易導致運動傷害。

循環式訓練近年在國內蔚為流行，廠商展店的規模不大，但速度很快，市場接受度頗高；近年來這樣的健身房很受女性歡迎，尤其是中、高齡的女性，因為它有幾個特殊的優點：

A 離家近。

廣設於都市的住宅區的小型健身房，深入女性的居家生活圈，擁有

方便的優勢。

B 便宜卻實在。

　　很多中、高齡媽媽們，相當中意它每個月只要1000多元，卻有「麻雀雖小、五臟俱全」的設施。因為離家近，自己帶水壺、毛巾去也不覺得麻煩，又可以享受到專業教練的指導和完整的健身設備、場地，還可以不限次數去運動，時段的選擇也多，不論怎麼看，這1000多元都花得很划算！

C 循環式適合女性

　　邱瑜婷教練説，大部分女生想要重訓的目的，不是擁有功能強大的肌肉，而是體型變得更緊實、氣色跟線條都更好。而這種循環式器材安全、負重量較小的特性，剛好符合女性的需求，又因為主要的大肌群都能練到，身形也容易變得勻稱。另外，還附設暖身、收操的專門區域，運動流程也堪稱完整。

D 親和力、安全感

　　有一點是男性教練、大型健身房很難模仿的，就是「親和力」。這類健身房的氣氛就像「鄰居」，雖然關心學員但仍保留距離，不會在運動時兩眼直直盯著妳，還批評妳的缺點跟錯誤。這種氛圍讓很多原本足不出戶、個性害羞的家庭主婦，逐漸願意走出家門，來到這種健身房運動，成功地引導很多原本從不運動的女性，走出家門接納健身。

　　不過，循環式的缺點，就是其負重量有限度，不一定能滿足進階者的需求。如果妳是進階者，想鍛鍊得更有力、功能性更強，固定鐵片式器材可能是適合妳的下一站。

固定鐵片式

鐵片式器材就是最傳統的那種，一台很大型的機器，後面有一大疊個個都像磚塊一樣的鐵塊，操作時常會發出「ㄎㄧㄤ、ㄎㄧㄤ」的金屬撞擊聲。這種器材每一台只能鍛鍊一個，或兩、三個肌群，要全身鍛鍊完需要很大的場地來擺放器材，因此只有中、大型健身房才有鐵片式器材。

鐵片跟循環式都是有固定軌跡的設備，也就是妳一定要順著它設定的軌跡，才能推到目的位置。只是它的負重較重，常以5公斤為一個單位，對於較瘦、小的女性來說，多加一片鐵塊就多5公斤，還要不能休息地連續操作12～15次，是不小的負擔，如果不小心多加了1片鐵塊，對於某些較小的肌群來說來說，就可能接近受傷邊緣了。所以這種器材通常比較適合男性，或女性的進階者。

如果從健身房的規模來看，一般規模越大的，服務上越難精緻。但讀者不可忽略的是，既然健身的品質主要是建立在教練的素質與付出之上，「服務的精細度」就變得非常重要。

所以理想上，初學者比較適合的是循環式設備的健身房，但因為它的主訴求並不是一對一的教練課，而是「保持運動習慣」，所以如果妳想要一對一的教練，還是難免要到中、大型健身房尋找。

自由器材

相較於上述兩者，自由器材指的就是沒有固定軌跡的器材，例如：彈力帶、啞鈴、槓鈴、藥球、壺鈴等等。沒有固定軌跡的優點是，關節、肌肉可以有更大的活動範圍；缺點是，不像上述兩種固定式器材一

樣有「固定軌跡」，所以特別是當負荷較大時，姿勢較可能偏移，受傷的風險就會增加。

所以，初學者一定要從最輕的自由式器材開始使用，進階時（5公斤以上的負重）須有教練的指導，並請不要自行嘗試太重的器材，像是舉重用的槓鈴等等。這種自由式器材的使用，一定要按部就班地練習，不可躁進。

容易致人受傷的器材

沒有一種器材是絕對安全的，所以為什麼一再強調教練的重要性，因為沒有教練引妳入門，靠自己是不可能完全通透所有器材。請記得，初學者在健身房裡，如果沒有完全了解一樣器材的使用法，請不要自行嘗試陌生的器材，一定要跟教練確認了解這樣器材的負重量怎麼調整、座椅高度怎麼調整、把手位置……是否符合妳的身型，才去使用它。

想想看，很多大型健身器材都是歐、美設計進口的，符合西方人體型卻不一定適用東方人，再看看妳的體型，如果妳的體型不符合器材的設定，那麼有可能一、兩個錯誤的角度，就讓妳受傷，惹來一輩子麻煩！所以事前確認是非常非常重要的！不要以為健身房的器材都是安全的，以為只要坐上去、有在動就是運動，這種觀念真是大錯特錯！

尤其大型健身房中的固定式鐵片器材，負重可以調到很大，而負重越大就越需要精細、正確的指導。因為重訓這種運動的方法就是「善用重量」來運動，負重量很大時即使連看似最簡單的動作，危險度都增加很多，常見的錯誤像是動作軌跡可能因為當下肌肉力量不足而偏離、做到一半就痠到無力等等；相反地，負重越低時，即使不小心動作的軌跡

錯誤，妳都不容易立刻受傷。

　　所以，重量必須「逐漸」增加，一定要給肌肉適應期，千萬不要自行增加重量，若想增加需要經過教練的確認，跟實際的試做之後，要給妳的身體適應時間，再進行主訓練。再提醒一次，「自行增加重量」是非常危險的行為！

　　但相反地，如果妳的教練在課堂之外對妳的這類問題懶得回答，甚至在課堂上就懶得回答，就請妳馬上立刻回去看清楚合約，考慮換教練或解約，不要讓自己的身體安全在健身房的錢海中載浮載沉，到最後淹死了也沒人能救妳。

　　關於運動傷害的問題，這些我們在後面有更詳細的補充。

事前體檢評估，可能救妳一命

　　雖然很多人不斷鼓吹運動的好處，但不可諱言地，還是有少數人在運動中嚴重受傷，甚至猝死，尤其是有心血管、三高代謝疾病的人，危險因子更多。理想中，所有的重訓受訓者都應該經過專科醫師的評估，最好連進行我們的力量訓練課表之前，都先做完整體檢，尤其是 65 歲以上，或有肥胖、三高家族史，或疑似症狀的人，是高危險群。健檢的項目最少應包括：身高、體重、血壓值、血糖值、血脂、胸部 X 光、心電圖。

　　請根據健檢數字，來進行以下步驟。

步驟一：填寫 ACSM 的「身體活動概況調查表」

身體活動概況調查表

就你所知道的仔細回答以下問題，並勾選「是」或「否」。

1. 是 ○ 否 ○ 醫師是否曾說過你有心臟方面的毛病，而且只能從事醫師建議的運動？

2. 是 ○ 否 ○ 當你從事身體活動時，是否會感覺胸口疼痛？

3. 是 ○ 否 ○ 在過去幾個月中，你是否曾在「沒有做任何身體活動」時，仍感到胸口疼痛？

4. 是 ○ 否 ○ 你是否曾昏倒，或因頭暈目眩而失去平衡過？

5. 是 ○ 否 ○ 你是否有骨骼或關節的問題，會因改變身體活動而變得更嚴重？

6. 是 ○ 否 ○ 你目前是否正在服用醫師開立的血壓藥，或心臟病相關藥物？

7. 是 ○ 否 ○ 你是否知道自己有任何其他不能從事身體活動的原因？

資料來源：American College of Sports Medicine. (2010). 《ACSM's Guidelines for Exercise Testing and Prescription》 (8th ed.)

　　請讀者針對以上 7 個問題先做回答，如果妳是在 15～69 歲的年紀，而且以上 7 個問題的回答都是「否」，則可向下做下一個表格；只要有一題以上回答「是」，都請向家庭醫師、復健科、骨科醫師（至少其中之一）徵詢是否適合做重訓的醫囑。

若妳的年齡在 70 歲以上，且不常運動的話，也請先向以上三種科別醫師，或者老年醫學科醫師詢求醫囑。

步驟二：填寫ＡＣＳＭ的「冠心病危險因子調查表」

冠心病危險因子

就你所知道的仔細回答以下問題，並勾選「是」或「否」。

	危險因子	標準
1. 是○ 否○	年齡	男性≧45歲；女性≧55歲
2. 是○ 否○	家族病史	父親或其他一等親男性在55歲前，或者母親或其他一等親女性在65歲前，曾發生心臟相關疾病、手術或猝死。
3. 是○ 否○	吸菸	目前仍吸菸，或已戒菸但未滿6個月，或長期處於吸菸的環境。
4. 是○ 否○	坐式生活型態	過去3個月內，未從事每週3次、每次30分鐘以上的中度活動。（中度的定義：儲備心跳率HRR在40～60％）
5. 是○ 否○	肥胖	身體質量指數（ＢＭＩ）≧30Ｋg/m2；或男性腰圍>40英吋，女性腰圍>35英吋。
6. 是○ 否○	高血壓	至少經過2次分別測量，確認收縮壓≧140 mmHg，或舒張壓≧90 mmHg，或已經在服藥。
7. 是○ 否○	糖尿病前期（血糖異常）	至少經過2次分別測量，確定空腹血糖值≧100 mg/dl(5.6 mmol/L)

	是	否		
8.	○	○	血脂異常	低密度脂蛋白（ＬＤＬ）≧130mg/dl，或高密度脂蛋白（ＨＤＬ）<40 mg/dl，或已在服藥。若只得知總膽固醇的話，其數值≧200 mg/dl者。

高密度脂蛋白（ＨＤＬ）能抵抗冠心病的發生

	是	否		
9.	○	○	高密度脂蛋白值	高密度脂蛋白（ＨＤＬ）≧60 mg/dl(1.6 mmol/L)

資料來源：American College of Sports Medicine.(2010).《ACSM's Guidelines for Exercise Testing and Prescription》（8th ed.)

（註）：

1. 冠心病：

　　完整的名稱為「冠狀動脈粥樣硬化性心臟病」，是指心臟的冠狀動脈粥狀硬化，導致心肌缺血、缺氧而引起的心臟病，所以又稱為「缺血性心臟病」，最嚴重的情況可能造成猝死。以上表格的內容雖是針對缺血性心臟病，但若粥狀硬化發生在腦部，就可能演變成腦中風，所以也是中風的危險因子。

2. 儲備心跳率（ＨＲＲ）＝〔(220-年齡)-安靜心跳率〕×運動強度％＋安靜心跳率

3. 身體質量指數（ＢＭＩ）＝體重（kg）÷身高²（m²）

　　本表的目的是在預測運動中發生意外的機率，其中前8項，每一項都是冠心病的一個危險因子，而第9項是危險因子的減項，意思是說若符合第9項，可以抵消一個危險因子。

步驟三：填寫ＡＣＳＭ的「心血管或代謝疾病的徵兆或症狀調查表」

心血管或代謝疾病的徵兆或症狀調查表
就你所知道的仔細回答以下問題，並勾選「是」或「否」。

	是	否	
1.	○	○	不明胸痛
2.	○	○	容易呼吸急促或呼吸困難
3.	○	○	不明的頭暈或暈眩
4.	○	○	下肢浮腫
5.	○	○	心悸或心律不整
6.	○	○	運動時下肢有痙攣性疼痛現象
7.	○	○	進行一般身體活動時，出現不正常的疲倦或呼吸急促。

資料來源：American College of Sports Medicine.(2010).《ACSM's Guidelines for Exercise Testing and Prescription》（8th ed.)

　　美國運動醫學會（ＡＣＳＭ）建議，以上7題若有其中一題回答為「是」，就應取得醫師同意才運動；若全部為「否」，那麼可繼續下一步驟。

步驟四：評估你的運動風險

請將以上三張表格的危險因子數目加起來，再判斷妳是高、中或低
度風險族群。

美國運動醫學會（ＡＣＳＭ）風險階層分級與建議			
風險等級	危險因子數	運動建議	教練資格
低度風險	≦ 1 項	可進行適度身體活動與運動計畫	
中度風險	≧ 2 項	建議先取得醫師證明，再進行運動。	建議在醫療監督下進行
高度風險	有心肺血管或代謝疾病徵兆或症狀的人，或已患有心肺血管疾病或其他代謝疾病的人。	必須徵詢醫師建議，並取得醫師證明	如欲進行激烈活動（儲備心跳率ＨＲＲ ≧ 60％），應在醫療監督下進行，且個人的體能教練應具有更高級的專業資格與認證，最好擁有健康或體適能的相關學位。

目前在台灣並沒有對事前運動風險評估，及教練資格做嚴格規定，
但大家都知道台灣人的三高情況很普遍，可想而知潛藏在激烈運動之下
的風險一定也很高，請讀者寧願多些麻煩，也要保住自己的運動健康，
不要原本是為了健康而運動，最後卻給自己帶來生命的威脅。

值得一提的是，對中、高度風險的人來說，有醫療背景的教練是必
要的。目前在一般健身房之外，也有些小型健身房或皮拉提斯教室，引
進有物理治療師背景的教練，或設有國際級的醫療（復健）運動認證；
或已有大醫院復健科附設自費的醫療用健身房，價格雖然常要一個月數
千元以上，但對於中、高風險的人來説，這種投資絕對是值得的。

「力竭」是說「NO」的受傷界線！

正確鍛鍊肌肉五大原則

如果只做力量訓練，那麼即使不知道這五大原則也沒有太大的影響，但加上體外的負重，尤其是使用健身房的鐵片式器材之後，妳就應該深入了解一下，妳的肌肉在進步的過程中，會出現什麼現象，這些現象是OK的嗎？

特殊性原則（專項原則）

籃球員跟足球員需要肌肉的張力、速度、長度……都不同，所以鍛鍊計畫也不同；運動員跟上班族的需要也不可能一樣。依照功能的需求不一樣，重訓的內容要針對特殊「專項」去設計，就稱為特殊性原則。

漸進原則（適應性原則）

古代的希臘有一個角力選手米勒，從市場上買了一隻剛出生不久的小牛回家，他每天把小牛當成槓鈴來舉，以練習肌力。隨著小牛一天天的長大，米勒的肌力也一天比一天進步；直到有一天他猛然發現小牛在不知不覺間已長成了一隻龐然大牛，才發現原來他的肌力也在不知不覺間，進步了好幾倍。這個古希臘的神話，是一個重量訓練的經典故事，指的就是「適應性原則」。

肌肉需要時間「適應」，若沒有給肌肉足夠的適應期，就立刻給它過強或過度的操練，有可能當場就受傷。至於怎樣才算是「按部就班」的適應，除了我們前面提過重訓理論本身的一些參考數據（組數、負重

量、總訓練量、休息時間等），可做為課表安排的依據之外，個人也會有個別化差異，好的教練應能將受訓者的現況與理論綜合評估，來引導妳的肌肉適應。

超負荷原則

假設 B 先生住在公寓的五樓，平常從一樓快爬到五樓一點都不喘，但今天參加高樓爬樓梯比賽，從一樓快爬到二十樓就已氣喘如牛、不得不停下來休息，這種上氣不接下氣的情況，顯示 B 先生現在已經「超負荷」，超過平時只爬五樓的負荷了。

這個觀念強調的是鍛練「強度」的增加，須「超過」目前輕鬆可達成的程度，而產生「心跳或換氣速度增加」的現象，體能才會提升。

對重訓來說，超負荷的方法可能是增加負重物品的重量，或做更多反覆次數，或增加每周高強度課程的次數等等。有些人做完間歇運動後，會氣喘如牛，也顯示這個訓練強度對他目前來說是超負荷。

順序原則

基本上要練大肌群，再「順序」練到小的肌群。因為扮演身體穩定性最重要的大肌群就是「核心」，初學者適合從核心開始一套訓練。但為了身體的穩定，不要課程一開始就把核心練到筋疲力盡。

個別原則

重量訓練是有個別性的，每一個受訓者的身體能力、運動資歷、天生的條件都不相同，教練要能深入了解，再針對不同的差異來訂立合適的計畫，或修正計畫。

所以即便有所謂重訓理論科學化的數據可以依循，但仍須盡量貼近個人化差異，狀態不好時就該降低標準，不要為了達成目的而硬做。方法上，則可以利用「運動日記」來提醒自己、抒發心情。

這個原則很難量化，但卻也是教練好跟不好的差別，好的教練能夠跟妳溝通，從細微的身體動作中查覺差異，來設計適合妳的運動處方。那些拿「標準計畫」跟妳說「大家都是這樣做，為什麼只有妳做不到！？」，當妳聽到這種話時，請仔細再思考，妳要的跟教練要的，是不是一致。

「最大肌力」──課表科學化的依據

理想的計劃訓練必須盡可能降低受傷風險，在安全範圍內將強度調整到訓練目的，如果是「最大化」個人表現的目的，強度就可能逼近安全範圍的上限，可是，單憑主觀所設的負重數值並不可靠，科學化的評估才能更有效地避免風險。

最大肌力是設計課程內容的依據，據以衡量妳在每個動作時，適合多少負重；或者，當一個人想發揮個人的最大潛能時，可藉此推測「生理極限」在哪裡，以免被過量的訓練反蝕。

第一步，必須先找到妳的「最大肌力」。

實測法：

最準確、客觀的方式是「實測法」，實測法是要求學員試著一次就舉起「最大的負荷量」，這個方法實際操作上是有危險的，特別是對初學者來說。操作上，通常需要兩位經驗豐富的教練在旁協助，學員本人也要非常了解操作的過程，並做好確實的暖身才行。所以這個方法雖準

確，但實務上很少用。

預測法：

　　這種方法也要經過實測，但不是要求一次舉起最大的負荷量，而是用其他重量去「推估」。這種有實測、也有推估的方法，雖然比不上實測法準確，但相較之下較安全、客觀，又不至於偏離事實太多。實測出來的數據再去查表，甚或有些網站甚至已經做好試算的程式，就可以查出最大肌力，可說是非常方便，請看看下面的例子。

案例：

　　文英的教練為了幫她測試「坐式划船機」的最大肌力，以訂立適當的負重，第一次先以10公斤的重量做，發現她可以做到11次，而第12次無法完整做完，但因為11次不是教練要的數值，於是教練決定下一次上課重新測量。

　　兩天後教練又預設15公斤的重量，讓她進行坐式划船機，發現只能完整動作7次，第8次做不完，因為「7次」這個次數適合用來推估，所以教練把15公斤、7次這兩個數字輸入網站中，得到如下的結果：

你輸入的資料如下：

舉重重量	舉重最大次數
（15）公斤	（7）次

1 RM（最大反覆）預測

Brzycki 預測	Baechle 預測	Mayhew 預測	Wathan 預測	預測平均值
18 公斤	18 公斤	18 公斤	18 公斤	18 公斤

1 RM 百分比重量表

1 RM 百分比	重量	1 RM 百分比	重量
100% 1 RM	18 公斤	95% 1 RM	17 公斤
90% 1 RM	16 公斤	85% 1 RM	15 公斤
80% 1 RM	14 公斤	75% 1 RM	13 公斤
70% 1 RM	12 公斤	65% 1 RM	11 公斤
60% 1 RM	10 公斤	55% 1 RM	9 公斤
50% 1 RM	9 公斤	45% 1 RM	8 公斤

資料來源：運動生理學網站

　　以上第一個表格，得到以四種程式算出來的最大肌力預估值，都是18公斤，所以平均值也是18公斤。也就是說，即便文英去「實測」坐式划船機的一次最大肌力，也可能很接近18公斤。意思是說，假設教練設定了20公斤給她試做，她有可能連一次反、覆都無法做完。

　　至於後面的「1 RM百分比重量表」，是以最大肌力100%1RM為18公斤之下，去推算100%以內的各種數值。例如：50%1RM指的是1RM最大肌力的50%，也就是18公斤×50%＝9公斤等等。這個表是為了方便教練在排課表時，可以一目了然地將負重量填入課表中。

　　理想上，做每一個器材的開始，都應該先作一次這樣的測試，試著找到最大肌力，排課表的論據才夠科學化。有些專業人士建議每3周，或者每開始一項新的訓練計畫之前，都應該重新測一次，因為最大肌力是會變化的。

　　理想中最大肌力的測試是針對「單一肌群」，但像此例中文英操作的固定式器材—坐式划船機，就須用到上背部、上臂跟下臂肌肉，並不是單一肌群。不過，這樣的測試依然有參考價值，因為教練也可以針對單一器材—坐式划船機，來設定適合的負重量跟次數。

　　另外，根據「運動生理學」網站的建議，最大肌力的預估操作，宜在10次以內會較為準確。像文英第一次的測試做了11次，若以11次計算出來的結果較可能失準，所以要選擇只能做10次以內的負重，來推估最大肌力值。

「正在鍛鍊」，或「正在受傷」？

　　預測法是相對準確且安全的測試法，特別若妳的體型是偏瘦、偏小的人，正式開始一套訓練課程之前的檢測，就顯得更為重要。有些健身課程的合約上，會附贈兩堂檢測課程，但即便贈送兩堂，很多教練還是不會真的進行檢測，而直接上課。這樣做的原因可能是嫌麻煩，但是如果不測，而以教練的經驗來判斷，難道不會有風險嗎？當然會有！所以這種灰色地中有潛藏的風險存在。而妳也可以從這裡觀察到，妳的教練對妳的課程安排，是否稱得上「用心」。

　　如果妳的教練有引導妳肌肉、神經適應，也就是在做每個器材之前，都先做幾次的徒手練習，而且過程中當妳覺得肌肉不適，他都有立刻調整的話，受傷的風險相對較低。但原則上，當妳是重訓初學者，他根本不應該在前面的幾堂課，讓你感覺到負重「太重」，因為重訓的鍛鍊，並不是都以「肌力」增長為目標，尤其不該是初學者的目標。所以，隨時可溝通是很重要的！有時候受傷只需要花「一組」錯誤的動

作，就足以讓你往後做很多年的復健。

　　接下來要談的情況，希望妳不要遇到，因為這本不該是初學者會遇到的情況，但為了保護妳在這個良莠不齊的重訓產業中，自身的安全，本書還是要多嘴地提醒妳這種受傷的危險邊緣──「力竭」，讓妳知道，現在究竟是「正在鍛鍊，或正在受傷？」，究竟該喊「卡」的界線在哪裡。

　　「力竭」，指的是「力氣耗盡」。妳在日常生活中，常會遇到力氣耗盡的情況，不論搬重物、爬樓梯、跑步……都會有缺乏力氣而必須停止的時候，請妳回想當遇到這些情況時，肌肉有什麼感覺？痠嗎？痛嗎？是什麼感覺令妳停下來不再繼續動作的呢？不論是什麼，這就是人體的一種保護機制，要妳感覺不適而停下腳步，不再向危險邁進。

　　不過在做重訓時，妳的感覺卻不一定會這麼清楚，這就是重訓需要數據化的原因，日常生活中用「感覺」做為判斷基準的方式，在重訓過程中卻不一定會出現這種「感覺」的保護機制，所以這時候妳或教練就要會觀察，是不是已經沒力了。如果沒力還繼續做，（在旁人幫助下）有可能斷斷續續做得出來，但妳可能會感覺不適，或者動作已經在發抖或偏離正確軌跡，此時受傷只在旦夕。

　　肌肉原本是承擔力氣、發力的主要組織，但現在它被操到沒力了，但妳又不（能）停止，所以在力竭的那個點之後，究竟是誰在承擔負重？答案就是韌帶、肌腱、骨頭。這些組織沒有發力的功能，只能被動地承擔力氣，當負重錯由它們承擔時，韌帶跟肌腱就有被撕裂的可能性。其中硬骨比較強韌，除非是破壞性的強度，否則受傷機率較低，相較之下韌帶、肌腱、軟骨等位置，受傷的機會較大。

　　其實力竭對重訓來說，並不全然是壞事，只是對初學者來說非常危險。為什麼不是壞事呢？因為重訓本身就是一種利用重量來鍛鍊身體的運動，只要不「越界」，越大的負重可以帶來越好的效果。把肌肉操到接近完全疲勞，就表示妳用了目前最強的強度來鍛鍊肌肉，在接近「完全耗竭」之後，如果能有充分的修復，將帶來更強大的成果。但是，重點就在不能「越界」！不能把力量錯分散到韌帶、肌腱等組織。當妳力竭，就要立刻停止。

　　要怎麼知道確實力竭了呢？

　　當妳沒有辦法完整做完一次反覆動作，從起始位置到目標位置，再回到起始位置的這整個過程中，中途無法完成就是力竭，無法完成的這一次，不能算完成一下。

　　力竭的時候，妳在哪裡耗盡力氣，就會停在那個位置。因為使用器材時不論去或回的路徑，都是需要用力的，所以半路力竭，有可能器材會突然伴隨重力猛然回彈，為避免危險發生，此時需要旁人幫妳恢復到起始位置來做結束。

　　有一個ＢＭＩ指數顯示偏瘦的重訓初學者，到健身房請教練一對一上課，她的教練不但沒做課前檢測，臨場時遇到力竭的訊號還幫她扶操作的扶把繼續進行。在她遵從教練規定的15下之中，到最後4、5次時，她可以將器械推到目標位置，只是很慢，但從目標位置回復到起始動作時完全無法做到、停在半路，教練就幫她扶把手回到起始位置，並繼續進行下一次，其實第一次發生時就應該停止訓練，最後4、5次都是不應該做的，因為她已經出現「力竭」訊號了。最後，這個女學員被醫師診斷全身有6條韌帶受傷。

　　這位女學員說：「我明明只能做10下，教練說一定要做15下，我反應說太重了，他只是認為我在偷懶，後面的4、5下真的做得非常痛苦！要不是擔心器材反彈太快會打到教練，我早就半途放手了。難道所有人的教練都是這樣的嗎？如果當初早知道力竭的概念，可能就不會受傷這麼嚴重了！」

　　所以請讀者注意，就算妳已經不是運動新手，但因為「重訓」這種運動，它的負重是外加的，跟我們日常生活中拿重物的習慣、感覺完全不同，不可能妳對肌肉要求做多少訓練量，它就一定能馬上滿足人為的規畫。正確的方式是以妳的肌肉能力為主，不是以自己或教練的主觀為依歸，畢竟重訓是在鍛鍊肌肉，不是滿足毫無根據的期望。所以這也是邱瑜婷教練所說，所謂「固執」的現象之一。

　　這裡再重複一次，科學化的重訓計畫，應該以妳的最大肌力來評估，找到最大肌力之後，再根據妳的目的，像是「肌耐力」、「肌力」或「肌肥大」……來設計每一組器材的課表，這個課表最少要詳細到包括負重量（最大肌力的百分比）、反覆次數、組數、組間休息時間。

　　在仔細的評估之下，從事重訓的受傷機率其實相當低。但是，問題就出在現在的教練，有不少是經驗不足卻又不做檢測，拿「自己的感覺」在教課，這種情況下，學員就成了待宰的羔羊，妳也不知道自己在練什麼，而教練呢？也只是「大略」知道而已。

　　要再多嘴一次！負重越重，越需小心，教練厲不厲害，跟他的服務態度是不是仔細，和臨場對身體結構的了解、掌控，以及對妳的尊重程度，都有高度相關，這些也都是前面邱教練叮嚀我們過的。

　　最後，請妳不要跟這位受傷的學員一樣太過好心，也不需要過度的

好勝心，只要遇到呼吸不順、肌肉不舒服就可以放棄不做，這種「放棄不做」並不是偷懶，反而是種保護機制。總之，自己練不一定會受傷，重要的是帶領的人。其實很多人自己練多年都沒事，若能「謹慎地」自行規劃課程，反而比遇到不好的教練來得更安全。

借行家眼鏡，看好教練特質

想要重訓有效果又不受傷，有兩大重點，一是好教練，二是適當的負重計畫。而其中又以好教練最重要，「好的教練帶妳上天堂，壞教練讓妳見地獄」，這句話一點都不誇張！即使沒有好的場地跟設備，只要有好教練的專業，妳就不必擔心受傷吃虧。

不過，「人心」是最難測的，特別是現在有不少的教練都非本科系畢業，或經驗不多，或心態不正，參差不齊的素質令人不知如何判斷。經歷完整的業內人士邱瑜婷教練，如何從同業的眼光，來評估一個好教練應有的特質。

A 誠實　　　　　　　　　E 尊重並包容他人

B 熱誠　　　　　　　　　F 耐心

C 不自私，能為學員著想　G 持續學習

D 具有專業背景或證照　　H 觀察所屬公司的市場評價

　　邱教練認為，不應該用資歷深、淺，或是不是本科系畢業來衡量一個教練；決定一個教練好壞的因素，要看他是否擁有包容、不武斷的態度，才是最關鍵的特質。

　　邱教練這樣說，跟這個運動本身的市場風氣有關，也就是說，如果把「堅持」錯當成「執著」，而用執著的態度去教授學員，就會形成一種武斷的心態。既然這是最常見的盲點，妳在選擇教練時，就要仔細觀察教練的心態是「擇善堅持但可溝通」，或者是「不可忤逆的武斷」。

　　另外，在證照方面，現在的教練多宣稱具有數張以上的證照，如果要比證照多寡的話，學員反而可能霧裡看花。所以學員也應該去了解，這位教練所在的公司，在產業裡的定位是什麼？是優質高價，或中價位、品質中等的路線。長遠來看，這個機構的發展方向，是朝向體育、競技或著重日常保養路線？而這個方向，是不是符合妳的需要。

　　一個好的教練，要能帶領著學員持續成長，依照不同的需求來安排課程，不能對學員進行「造神運動」，讓學員因為崇拜心理，而可以不知道自己在練什麼，只要跟著教練說的練就可以了。這種觀念是會衍生問題的。

PART 04

90歲前的力訓療養術

研究顯示，人在90歲之前都還能靠重訓來增加肌肉量。所以即使妳是65歲以上的老年人，也可以藉著正確的運動來改善行走、坐、臥的品質，不是非得被肌少症所困擾。

重訓的內容在各個年齡層的差異並不大，但各年齡層的女性們可以用不同的技巧、頻率來完成。不要以為不可能，只要方法正確，即便老年人也可以更有活力、健步如飛！

兒童、青少年、家庭主婦、上班族、老年人、傷者→力量訓練

這幾個族群的讀者，建議從我們為您設計的「力量訓練課表」著手入門，不但足以應付日常生活所需，就算是已經有規律運動習慣的人，也能強化您的運動表現。

兒童、青少年

關於兒童、青少年的相關研究並不是很多，但有些看法認為，兒童的重量訓練並無法顯著地增加肌肉量。不過，除非是專業運動員，否則增加肌肉量本來就不是這個時期的必須。

實務上規律地運動，不但可以帶給孩子更好的情緒控管能力與體能，也能避免駝背、脊椎側彎等問題。國內學童的書包常重達7～10公斤，長期下容易養成駝背習慣，所以適度運動，並多加強核心訓練，是有助於發育的。至於核心訓練可參考力量訓練課表中的橋式、U形訓練等等。

家庭主婦

家庭主婦做家事、手提重物比較多，容易有肩頸僵硬，或其他局部的僵硬、受傷，有些主婦們甚至常跑復健科做治療。媽媽們請注意在力量訓練之後要多做伸展，甚至也可隨時隨地做伸展，都對身體的修復很有幫助。如果在肌肉還很僵硬時就去做力量訓練，耐力容易不足，有可

能無法完成整套就累垮或無力，此時妳應該找到自己特別僵硬的部位，加強伸展後再鍛鍊。

家庭主婦們應避免一整天或一整個下午，久做同一種家事，例如：拖地、搬重物等等，應該多種輪流做，以免局部的肌肉太緊繃，太緊繃也容易受傷。循環式地做家事能大大減低肌肉僵硬的機率。

上班族

上班族則較容易發生核心或肩頸僵硬，同樣地，僵硬時宜先從伸展、放鬆下手，讓肌肉較柔軟時再做整套的主訓練，而做課表中後段的瑜珈伸展時，也可以多強化核心部位。

肩頸的僵硬常常是「軀幹」的連帶影響，所以若肩頸不適就伸展肩頸，改善程度有時候不明顯，此時就要先伸展核心或背部，先伸展到放鬆的程度，再來做主訓練。

有些上班族有「鐵板背」，也就是每次伸展的長度只能增加連0.1公分都不到，這時候也不必一次就做到課表中圖片示範的標準幅度，反而更重要的是，掌握住動作的原則技巧就好，要有耐心，假以時日就能有所進步。

老年人、傷者

老年人跟受過傷的人，可能是少數無法完成力量訓練課表的族群。這種情況下應該從10分鐘的暖身開始做，再將主訓練的每一種三組，改成每種一組就好，這樣就有大約30分鐘的運動了。最後的伸展，請針對自己的受傷部位多加強伸展，伸展時不必很用力，但宜漸進式地加

強「關節的活動範圍」。

在課表上的伸展運動是以靜態方式進行，也就是「停留數分鐘」，但如果妳中途感到不適或太痠，可以暫時休息後再做一次，把伸展時間補上。

除了在時間上要漸進，關節活動度可能一開始也沒辦法像圖片中的要求那樣標準，此時只要掌握動作原則即可，經過長期的練習之後，活動範圍可望逐漸增加，不需要太勉強。

生理期、孕期、更年期可以重訓嗎？

生理期

生理期常會出現水腫、經痛、情緒不佳等現象，一般認為「長期而規律」的運動可以改善這些現象。網路上也曾流行過一波「生理期減重法」，就是在生理期結束後的兩周大量運動，能大幅降低體重，對此有婦產科醫師回答說，那是因為生理期水腫導致體重增加，後來水腫排除之後造成的假象，並不是真的變瘦了。

相信成年女性都有過各種不同的生理期經驗，有時會經痛，有時略有不適，但有時候卻一點症狀都沒有，這就是每個月的氣血循環不一樣的關係。

所以生理期時能不能重訓，會有個別差異，有些醫師指出，若重訓課程著重在四肢，可能使更多血液流到末梢，而導致腹部、子宮的血液循環較差，有些女性會因此發生下腹痛、頭暈等情況。

所以，提醒讀者在排重訓課表時，也要把最近的生理期情況考量進

去，如果教練是男性，無法理解妳的生理期狀況，妳就必須要堅持請他尊重妳的身體情況。原則上強度不宜太強，並可隨身攜帶薑糖、黑糖塊、熱可可或巧克力來隨時補充熱量、安定神經。

孕婦、產婦

許多研究顯示，懷孕婦女並沒有不能運動的明顯原因，事實上有少數職業的競技運動選手，還能「帶球」比賽。

不過事實上一般人不一定與專業選手相同，可確定的是，懷孕前3個月不應進行太過激烈的運動，即使在中、後期，也應以中等強度的有氧運動或伸展為主，像是孕婦瑜珈、游泳、孕婦有氧等等。

近年很流行的「凱格爾運動」，主要是在鍛鍊骨盆底肌肉，有助於生產時的施力，並可避免產後的尿失禁，也是一種重量訓練。除了醫療院所之外，坊間的孕婦瑜珈課程中，也有教導凱格爾運動，只不過孕婦瑜珈課程必須有專屬於孕婦瑜珈的證照，一般教練不能教授。

有興趣的讀者可到教育部體育署首頁裡孕婦的運動計畫找到更詳細的資料。

此外，不少婦女產後感覺腰痠，甚至腰部受傷，其實是懷孕造成「骨盆前傾」的後遺症，可在產後多做本書中「髖關節拉力訓練」這類夾臀動作，和「坐姿前彎」伸展；做蹲姿時，也請留意臀部不要過度向後翹。

更年期

　　在女性停經前後，約45～55歲的階段，可能發生熱潮紅、盜汗、情緒不穩定、發胖等現象，就是所謂的「更年期」。這些不適症狀是因為女性荷爾蒙的分泌減少所造成的，有些婦女只是感覺發生莫名的不適症狀，卻不知道原來是荷爾蒙減少所致。因為荷爾蒙減少是一種不可逆的趨勢，即便用食物或藥物改善，都無法回到原先的水準，所以只能從外在的飲食、運動習慣來提升生活品質。

　　更年期時擁有運動習慣，可以幫助減肥跟情緒調適。適合更年期婦女的減肥運動，最好是「有氧＋重訓」一起進行。有氧運動對於燃脂效果較佳，像是跑步、有氧舞蹈、跳繩、爬樓梯等等，在10分鐘內就可以提升心跳率、會喘的運動，都可算是有氧運動。每次只要做到有點喘就開始有效，理想中宜每周3次、每次30分鐘以上最佳。

　　重訓可增加肌肉佔身體組織的比例，比例越高，基礎代謝率越好，燃燒熱量的熱量也就更多，即使在安靜不動時，消耗的熱量也比以前更大。而且，重訓又是一種負重運動，可以避免骨質流失，可說非常適合更年期婦女。

　　實際操作上，如果妳的體脂率低於30％，妳可以每天做一套完整的力量訓練課表就好；如果妳的體脂率高於30％，建議搭配減脂，也就是每周3天、每次30分鐘做有氧，再加上每周至少兩次的力量訓練課表。（體脂率公式＝脂肪重量÷總體重）

傷一次痛十年!? 天下無100%治癒的傷

感冒時吃了三天葯就會好，休息一周後整個人又是活龍一條，所以沒有受過肌肉、骨骼傷害的人，很難體會「傷一次、痛十年」是怎麼回事。肌肉、骨骼跟感冒不同，一旦受傷就很難全好，就算好了，它的功能也不像以前那麼好用。

國內有位知名骨科醫師說過：「天下沒有100%治癒的傷!」，這也就是為什麼，受過傷的人，常在未來的人生中，不只一次抱怨患部痠、痛，甚至發生更嚴重的──「同一部位的重覆扭傷」。

只要去看看有多少老人，遇到陰雨天時會抱怨筋骨痠痛就可以理解了，不過，這種筋骨的「障害」可不是老人的專利，而是每個人都可能遇到的，尤其是成年人；即便一個完全不運動的上班族，也很有可能產生這種軟組織的傷害，像是有些上班族就只是因為長期久坐的姿勢不正，就引起椎間盤突出的劇烈疼痛。

本書不做大重量，所以比較不易發生骨折、神經的傷害，我們省略掉骨折、神經傷害的介紹，只針對最常見的軟組織傷害（韌帶、肌腱、軟骨、肌肉），也是傷後處理等最麻煩的部分作介紹。

首先，為什麼醫師說，軟組織的運動傷害幾乎無法根治呢？簡單地說，有些軟組織的附近很少，或幾乎沒有血管通過，像是軟骨、韌帶、肌腱所在的位置；但肌肉中佈滿血管，所以肌肉的修復力很強。

只有很少的血流通過的這些軟骨、韌帶、肌鍵，缺乏足夠的血流來運送氧氣和養份來修復，所以跟一般表皮的傷口比起來，修復速度顯得

很慢。當我們的皮膚上有個傷口，幾天之後就會結痂、脫落，最後雖然可能留下疤痕，對表皮的功能不會影響太大。但深藏下表皮之下的軟組織，雖然也會修復，但是速度很慢；而本身已經慢了，難免又需常常使用它，所以即使一拖十幾年變成慢性，也不是罕見的情況。

受傷經過一段時間之後，傷口有部分癒合了，但新的纖維組織不可能長得像原來的那樣整齊、堅固，通常還會有疤痕組織或引起沾黏，這些組織會限制我們的動作，讓我們做動作時「卡卡的」、「痛痛的」，這就是一種「障害」。另外有些人感覺它好像「變弱了」，那就是因為健康可用的部分變少了，使用它時又會感覺痛，所以更不敢用，整體上就覺得比以前更不舒服、更無力！

至於為什麼醫師會說「沒有100%治癒的傷害」，事實上這是一個理論與實務交雜的結果，雖然在理論上，的確只要完全不用它，傷處有可能被修補完好，但請認真想想，現實生活中，有幾個人真的會為了一個傷害整天臥床不動幾周或幾個月，等它修補完成。

畢竟每天難免還是要提東西、走路、動一動，其實若不動，傷口附近的血液循環就更少；動了，受傷的組織又容易再度被破壞。處理這幾種軟組織的傷害，本質上會陷入一種兩難的局面，想要完全治好這種傷非常困難！

結論就是，凡是「每天都要用到的部位」一旦受傷，你就只能「非常努力」讓修復的速度快於破壞的速度，否則很容易演變成慢性發炎。

看到這裡，你應該可以了解，軟組織的傷害是多麼麻煩的一件事了，因此專家們不斷耳提面命「預防勝於治療」、「預防勝於治療」……因為再怎麼治療它都不會全好，就算完全不痛了，也難保年紀

大時、生病、身體虛弱時會不會復發。

現在很多人是周末運動員，還有人運動越來越上癮，想朝專業發展，但不是從小練起的身體，一下子要面臨很大的轉變，就更容易產生傷害。在這裡要提醒喜歡運動的朋友，運動前一定要先有「傷害防護」的概念，畢竟人的身體不是鐵打的，不是送進保養廠維修之後，就能煥然一新地出廠，受傷的代價真的太大，學會「運動傷害管理」才可能更長久地享受運動帶來的愉快與好處！

總而言之，重量訓練做得好，就能增加肌肉的強度，因為肌肉是一種擁有主動發力功能的組織，它可以用來保護韌帶、軟骨、肌腱等沒有發力功能的組織。但是，如果重訓方法錯誤，鍛鍊過程本身就是在製造運動傷害，「重量訓練」猶如兩面刃，一旦過度，就會受傷。

各種治療＋復健法

受傷第一時間的急救法

　　最明確的受傷表徵是紅、腫、熱、痛，也就表示開始發炎了。有些受傷是在一瞬間發生的，有些則是慢性累積而來，不論是哪一種成因，當「紅、腫、熱、痛」發生時，確定已經在「急性發炎」中。在就醫前就可以先做自救，幫助日後傷口癒合得更好。這幾個小小的動作，對未來的生活品質影響可不小！做法請遵循以下的急救ＲＩＣＥ原則：

R 指的是「Rest休息」，在發現發炎的3天急性期內，請停止運動，並盡量少動患部。

I 指的是「Icing冰敷」，用毛巾包覆冰塊後在患部敷15～20分鐘，休息5分鐘後可以再繼續。冰敷使血管收縮、血流量減少，緩合患部的流血現象，也能緩和疼痛感。

C 指的是「Compression加壓」，在受傷的第一時間用手或繃帶給患部加壓，可以減少組織液的流入，一方面能減少腫脹的程度，另一方面讓撕裂的傷口處靠近，有利於提早癒合、預防沾黏。

E 指的是「Elevation」，將患部抬高到超過心臟的位置，減少血流流入患部，可避免腫脹及發炎。

　　做完ＲＩＣＥ處理後，請在3天內向復健科求診。

中、西醫治療哪個好？

中醫、國術館

　　網路上很多人在問受傷該去哪裡治療，其中選擇去國術館或中醫診所的還不少。

　　國術館的做法就是幫妳「喬」回來，因為軟組織受傷的原因，有很大一部分是源自硬骨的位置偏離造成「錯位」，壓迫到軟組織，所以國術館的師傅希望藉著幫妳把位置歸正來停止壓迫和發炎，可是也有聽到去過的人抱怨「很痛」。而中醫診所的做法是用中藥藥薰，等於在幫妳控制發炎、促進血液循環，另外有些中醫附有推拿部門，師傅的手法也是按摩跟喬正錯位。

　　原則上國術館、中醫診所、經絡整骨的治療原理是類似的，只是治療時痛不痛跟效果好壞的差異而已，這就要看師傅的個人功力了。這種療法理論上需具備兩個條件才有效，第一，硬骨要回到正確的位置；第二，還是要用「藥」來減緩發炎。如果妳的硬骨一直沒有歸正，它還是會持續地壓迫傷口、繼續引起發炎，就算有用藥，破壞的速度還是可能大於修復速度，想全好並不容易。

　　不過用藥還是必要的，因為軟組織中的血管已經很少了（意思說自癒能力有限），如果不幫助它消炎，它可不像表皮皮膚那樣幾周就可以修復完成。國術館的治療法可能會給妳外貼的膏藥，而中醫會給妳開口服中藥，或用草藥熱薰傷處（當然是要在3天之後），至於改善效果則因人感受不同而不同。

復健科、骨科

運動傷害的治療應向復健科求診，網路上有人問到骨科跟復健科有什麼不同，基本上復健科偏向保守性治療，骨科除了可以診斷筋骨的傷害之外，還可以動手術。

所以合格的骨科、復健科醫師都能準確地診斷出運動傷害，通常都設有物理治療，治療的頻率大約每周至少要3次才有效，年長者的修復力較差，最好能一周3～5次。物理治療的項目包括：超音波、水療、短波、拉腰（脊椎牽引）、拉脖子(頸椎牽引)、電療、蠟療、運動治療等等；基於健保給付的因素，醫師通常每次開處方都選擇其中3項療程，開一次處方需要做6次重複的療程，才算一次完整的治療。費用方面，除了開處方的第一次需付掛號費之外，其餘5次都只要支付部分幾付，每6次為一個完整療程。

急性期去看診的民眾，往往可得到醫師開立的3或７天消炎藥，幫助控制發炎，並可做第一次的物理治療療程，通常每次治療約1小時。每周只去做1或2次是不夠的，修復的速度太慢了，在傷處繼續被使用的情況下，容易讓發炎演變成慢性。慢性發炎的後果目前在醫學上還未有定論，不過可肯定的是，一定會造成體內更大的氧化壓力，可能更易老化，甚至引發其他病症或免疫系統問題，所以不可以輕忽！

每周3～5次的治療，並在急性期搭配服用3天～7天左右的消炎藥，才有可能讓傷處全好。不過花費的時間、精神真的不小，實務上做起來並不如說的容易。所以，為了增加可行性，妳應選擇離家近的復健科診所，在受傷2個月內盡量騰出時間治療，越早控制住的後遺症越少。

　　也有不少人不喜歡用藥，怕肝、腎毒性，所以對西醫有刻板印象。其實這種筋骨傷害，不論中、西醫都很難完全治好，而西醫的復健科也不是只用消炎藥來治療，物理治療只要照著治療師的方式做，本身也沒有什麼副作用，例如：超音波、短波，是利用特殊的波長，加深傷處的血液循環，是中醫從外表加熱所無法進入的深度，原理是促進自癒力，而不是用「藥」治療，只要正確進行是不會有副作用的，所以也不需要為反對而反對，多管齊下或許療效更佳。

　　另外，不建議自行購買消炎止痛藥來控制疼痛，因為這種筋骨用的消炎藥或藥布，連續服用超過2周仍可能對肝、腎造成傷害。所以醫師通常最多給7天，吃完不宜每次一痛就用消炎藥來止痛，這樣會造成惡性循環。

運動治療

　　在受傷後3個月還會常常痠、疼的人，可以說是進入慢性期了，慢性期表示妳還沒有全好，還有一定程度的發炎，這種情況是每個受傷的人最應該避免的。但要是真的變成慢性，最好還是能勤做物理治療來加速修復，如果真的不方便，還可以在家每天泡熱水澡、按摩傷處，並且不要完全放棄運動。

　　在受傷發炎的情況下，怎麼運動才不會加速惡化，又能促進血液循環，這是一門很專業的學問，有一些原則可以遵循，請看以下我們為您整理的表格。至於詳細的作法應請教醫師、物理治療師，或有「運動生理學」或「運動傷害防護」背景的教練、運動傷害防護員。

　　要提醒讀者的是，體育系、競技系雖是相關科系，卻不一定有運動

傷害防護的概念，除非這位教練有進修運動傷害防護的課程，否則還是不夠適合指導傷者。

「運動治療」是復健科治療的一部分，指的是3天急性期過後的運動療法。適當的運動在復健的階段除了可以幫助血液循環以外，還能避免因受傷造成的肌肉萎縮和失能，進一步地，它可以矯正原本造成妳受傷的錯誤運動模式。有些人「總是」扭傷腳踝的同一處，或者某個地方經久都不好，受傷後刻意不去動它，或「不敢」去用它，容易造成肌肉萎縮、組織沾黏、新生的組織長得更混亂，即使妳勤做物理治療，但錯誤的動作模式仍一直存在，有可能一直這樣做錯的動作，而造成重複扭傷。

「運動治療」理論上只有物理治療師、醫師能衛教，但國內的診所常因人力因素，在民眾做完物理治療之後，就疏於衛教這一部分，其實運動治療對妳傷後復出的運動能力來說，是非常重要的！建議妳不厭其煩地向物理治療師、醫師請教。

雖然理論上只有醫學專業人士才能教導運動治療，但若妳的舊傷一直未能完全好，又不（能）完全放棄運動的話，勢必會帶傷運動。帶傷運動雖然不是理想中的情況，但卻是無法完全避免的現實。此時治療跟運動兩者就很難區分了！帶傷運動的原則是：

第一，請盡可能找有運動傷害防護背景的教練。

第二，從最輕的負重開始重新練，不要用受傷前的負重，也可以從我們提供的力量訓練課表開始。

第三，過程中有太痠、太疲累或痛的現象，請立即停止休息。

第四，請不要怕會痛就不敢使用傷處，而是要由輕漸進式地加重，

只要不是出現清楚的痛感，還是可以繼續進行，有痛感要立刻停止。

很多患者去看復健科最愛問醫師說：「請問怎麼樣才會全好？」以前醫師們的回答常是「完全休息」。但讀完以上這些觀念，妳應該知道，完全休息是一種最保守的治療，盡量不去用它，只靠自癒力跟物理治療來復原，這種方式對某些人來說，或許可以復原地更多，但也容易伴隨失能，而且實際的情況是，大部分的人都要工作跟生活，很難真的完全臥床休息。所以這幾年由西方傳進來的觀念，已經不說完全休息了，而是搭配物理治療、自我保養跟適當的運動治療，來幫助傷處「同時」降低發炎程度跟恢復功能、與傷共處。所以，原則上最多完全靜置休息1周，之後就可以開始動作。

軟組織受傷後的重量（肌力）訓練原則

時間	傷後 1 週內	傷後第 2～8 週	傷後第 3～12 個月
活動角度	固定傷處不需鍛鍊	不痛的範圍、角度內	全部動作範圍及角度
強度		輕量（1～3 公斤）	從輕量（3 公斤以內），進展到中量（5～10 公斤），看病灶適應情況而定。
組數		一～三組	從三組以內，進展到三～五組。
（每組）反覆次數		8～20 次	8～20 次
每週訓練天數		3～5 天	3～5 天進展至 5～7 天
訓練進展		依病灶進展狀況，每日增加 0.5～2 公斤	依病灶進展狀況，每日增加 0.5～2 公斤
可用設備		彈力帶、啞鈴或沙包	彈力帶、啞鈴、沙包、槓片、槓鈴

資料來源：黃啟煌、王百川、林晉利、朱彥穎（2003），《運動傷害與急救》

傷後「保養」術

　　把「保養」框起來的目的，是要向讀者強調學會與傷共存，才能不被它所困擾，它就像牙痛一樣，雖然很少劇烈疼痛，卻令人難以忽略它的存在，「保養≠治療」，不能因為保養感覺舒服了些，就捨棄治療，這是捨本逐末的作法。

分辨急、慢性發炎

急性發炎：

　　一般我們說受傷的前三天內是「急性期」，就是急性發炎。這時會有很明顯的「紅、腫、熱、痛」現象，雖然不一定四種同時出現，但它一定會帶給妳很明確的不適感。

慢性發炎：

　　傷後的3個月後，如果還有隱隱的「痛感」，就是慢性發炎的症狀。

　　但是，即便沒有隱隱痛感，也不代表妳沒有慢性發炎。

　　這是很弔詭的現象，也就是說，從「外在症狀」來判斷有沒有慢性發炎，並不準確。

　　簡單地說，慢性發炎的程度可以被控制到很低，低到沒有症狀顯現出來讓妳感覺到。但是，不代表發炎已經痊癒了。所以，慢性發炎只能控制，難以根治。

　　我們應該做的，就是盡量在急性期控制住發炎，以免發炎的烈火延燒到3個月後，形成更大的破壞力。並且，在3個月後還進行定期的保養，像是復健科的物理治療、在家的熱敷與伸展，或增加一些抗氧化的

營養補充品，多管齊下就能避免發炎破壞身體整體上的健康。

　　另外，有些人還會把傷後3天～3個月的期間，定義為「亞急性」發炎。這類的定義只是大概的，因為每個人的情況都會有所不同，急性轉亞急或慢性的時點並不完全相同。醫學上定義急、亞急、慢性的方式，是根據發炎的機轉、白血球型態來區分，但對於患者而言，知道怎麼保養就足夠了。

冰、熱敷不能弄錯

3天內急性期請「冰敷」

　　傷後3天（72小時）內，為了避免傷口流血更多，要採取冰敷。冰敷法是用毛巾包覆冰塊或冰敷袋，按壓在傷處約15～20分鐘，若感覺冰到太麻可暫時移開約5分鐘。一日中可冰敷多次，可避免傷口出血，並加速傷口修復。

3天後請「熱敷」

　　傷後72小時之後，可以改用熱敷，像是熱水袋、熱敷墊、濕敷墊等等。熱敷的方法跟冰敷類似，請在熱水袋的外層包上兩層毛巾，以免燙傷。每次15～20分鐘後再移開5分鐘，一日可敷多次，目的是促進血液循環、加速修復。

　　這兩種敷法千萬不能弄混了！顛倒的話會讓急性期的流血更多，不利傷口的修復。

保養用的「冰、熱交替法」

　　3天之後的傷，或長期的慢性舊傷，可使用「冰、熱交替法」。這種敷法就是用冰袋＋熱水袋一起用，先冰敷15～20分鐘，再熱敷15～

20分鐘，如果還覺得不適，可以繼續冰敷15～20分鐘＋熱敷15～20分鐘，同樣一日可敷多次。這種類似「三溫暖」的敷法藉著加大傷處的溫差，利用熱脹冷縮的原理來提升血液循環，會比單純熱敷來得更有效。

　　如果是同一個舊患部又開始發炎，無法判斷是新傷或舊傷時，宜謹慎地當成一個新傷來處理，也就是3天內冰敷，但最好是再請醫師明確診療。

急性期忌按摩、滾筒！

　　有些人摔傷或運動傷害，隔天跑去按摩，想去除痠痛，結果讓傷口惡化、復原困難。

　　沒錯！摔傷或運動傷害的隔天，的確可能出現痠痛的現象，不過這很可能跟一般的「延遲性肌肉痠痛」不一樣，請不要隨便針對傷口按摩。

　　有些較有經驗的按摩師傅，會在傷處的「周邊」按摩，加速周邊血液循環，不直接對傷口加壓，這個風險是相對較小的。如果直接在傷處按摩，易使出血的情況惡化。

　　在前面急救的部份我們講過，受傷第一時間的急救時，要對傷口「壓迫」，而壓迫跟按摩的效果是不同的。不宜在未經過醫師診斷之前，未確定傷處的確實位置，就先憑自己的痛感去定義傷處，又讓按摩師傅按摩週邊，這樣的判斷可能是有誤的。有時候，受傷的位置不一定是一個點而已，用痛感去定義傷處是不完全正確的。

　　理想的方式應該是請醫師診斷之後，在「3天之後」才能進行按摩，亞急性期的按摩力道宜緩，不要對傷口施壓太多，而越接近慢性

期，就可針對可能發生的沾黏來按摩。

滾筒的效果也類似按摩，請在急性期禁用，亞急性期與慢性期謹慎、緩和使用。

很多人搞不清楚，傷後「保養」跟「治療」有什麼不同？以為去按摩或冰、熱敷之後，感覺比較舒服了，就是把傷治好了，這個想法是錯的！

其實，上面講的冰、熱敷跟按摩，只是幫妳把傷處局部的血液循環增加，可以說某種程度上提升自癒力，舒緩傷口周圍的緊繃、不適。但要跟醫療院所「用藥」，或物理治療儀器那樣的療癒程度相比，療效還是差很多。所以不是按摩完覺得舒服了，就可以省略治療，最好能治療、保養多管齊下，傷才能好得更徹底。

疲勞管理是預防傷害的基本功

如果唯有錯誤的姿勢，或暖身、收操偷懶會導致運動傷害，也不會有那麼多專家都在耳提面命「預防」的重要性了！

在預防、治療法之後，我們要談的是「正確的重訓本身可以預防運動傷害」。

因為肌肉本身就是我們身體組織中，最具「保護」功能的組織。我們越了解肌肉，越懂得怎麼鍛鍊、保養、修復它，就越懂得保護我們的整個身體。也因此，在前面我們花了那麼多篇幅在告訴讀者，怎樣看出一個重訓課表是好的、是適合的，因為當你了解適合了妳的課表，等同學會了運動傷害管理的一半。

那麼，另外一半呢？就是睡眠、飲食跟休息。

超補償原理

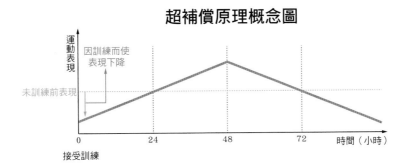

超補償原理概念圖

所謂「超補償」是相對於「超負荷」而來的。前面我們說過，要加強肌肉的能力，就要用「超負荷」原則，讓肌肉的負荷超過平時的習慣，產生程度上更強大的破壞。既然有更強大的破壞，就一定至少要有程度上相等的修復，否則若長期下破壞一直大於建設，疲勞逐漸累積，等於讓身體持續處在「耗損」的狀態，這種狀態下即便再努力的練習，成績都會停滯不前，而且受訓者本身也會出現身、心靈疲勞的現象，更容易引發受傷，這就是「過度訓練」。

所以，請一定要了解：

第一，運動量與健康程度、體能優劣不一定成正相關，運動計畫是否訂得好才是關鍵。

第二，過度的運動其實是一種耗損、破壞。

這張圖想表達的意思是：

第一階段，在高強度的運動後24小時內，因為疲勞的關係，體能表現是比訓練前更差的。

第二階段，高強度運動後的24～72 小時，因為疲勞逐漸恢復，所

以體能比訓練前更進步。

第三階段，在高強度運動的72 小時之後，體能表現又會下降到比受訓前更低。

也就是說，如果妳想持續保持體能在最好的狀態，可以每三天做一次高強度運動，第一天做完，用第二、三天來進行修復。只有更好的修復，才能承擔強度更大的成長。想獲得持續進步的成績，一個受訓者的修復一定要大於破壞，也就是超補償的程度要大於超負荷，再加上每周2～3次的高強度練習，體能的基期逐漸墊高，表現才會越來越好。

方法上，修復的日子裡多做泡湯、拉筋、按摩、其他休閒活動等都有幫助，而選手級則可加入腳踏車、游泳等低強度運動來促進乳酸排除。

每日疲勞恢復

如果每天都能讓身體徹底排除疲勞物質，那麼身體因疲勞而受傷、氧化的機率就更低。該怎麼做呢？

在高強度運動的日子，請確實做好「暖身→正確運動→收操」的步驟，關於暖身、收操的方法我們在前面已經講述了。更精緻的做法，可在暖身前加上15分鐘的按摩，收操後再加30分鐘的滾筒或按摩，也就是「15分鐘按摩→暖身→正確運動→收操→30分鐘按摩或滾筒」。

修復的日子裡，可以只做整套的拉筋、瑜珈或全身按摩，來幫助血液循環。

睡眠、休息

為了擁有良好的睡眠品質，我們建議不論做本書的力量訓練課表，或是到健身房做較大的重量，都盡量不要在晚上7點以後開始，因為妳需要有更多的時間來讓身體、精神放鬆，預備進入睡眠狀態。太晚進行中、高強度運動，容易降低睡眠品質。

睡眠，請盡量睡足8小時，因為睡眠是最重要、深層的修復期，若睡眠不好，再怎麼鍛鍊但深層修復的時間不足，一樣無法展現成效。容易有睡眠問題的是更年期婦女、老人，更年期婦女夜晚難以入眠的情況，除了可用下午、傍晚時多運動來消耗體力之外，也可求助於婦產科、睡眠門診來改善；而老人因荷爾蒙關係，也易有凌晨3～5點早起後就難以入睡的情況，精神科醫師建議可在下午時補眠來改善。

休息方面，請參見我們的肌肉訓練的目的性（P115），理想中的課表應該要連休息時間都排出來。原則每周高強度的訓練約2～3次，最少要有1天「完全休息」；女性可依自己身體情況，安排生理期時降低強度或完全休息。每個階段的結束（可參考本課表中的周數）要有1～3周的完全休息，去做些跟重訓或運動完全無關的事，讓身心完全放鬆。如果是進行本書提供的力量訓練課表，可以1周做5或6天，另外1或2天完全休息。

運動者的飲食

做了重訓之後，如果飲食也能調整到理想飲食狀態，將更有助於將體脂率降到30%以下或更低，並可讓肌肉長得更好。

不論過去的飲食習慣好不好，都可以藉著重訓的機會來調整。

理想食譜的原則

　　一般來説，女性理想中的飲食方式，是每人每天攝取1600～2000大卡的熱量，其中醣類（碳水化合物）的熱量約佔65％、蛋白質15％、油脂約20％。初學者可以這樣吃，但以運動員來説，可再降低油脂的攝取比例，並增加碳水化合物、蛋白質的比例。

　　如果妳是運動量很大的進階者，還可視需求（如：增重），把每日攝取的總熱量往上提升500大卡，也就是一天2100～2500大卡。

　　實行上，除非是專業營養師，否則想一眼就看出餐盤中的熱量分配是非常困難的，尤其很多複合型食品添加了什麼根本看不出來。所以建議大略估算碳水化合物、蛋白質的比例就好，但把選擇奶、肉類的習慣改成低脂肉、低脂奶，並盡量少吃油炸品。所謂低脂肉品，例如：雞胸、雞腿、豬里肌、豬後腿等等。

　　蔬果方面，雖然並不是主要提供運動熱量的來源，但對於抗氧化、排除毒素來説卻很重要。理想中每人每餐要吃到一碗份量的蔬菜，且每天要吃2個拳頭大的水果。另外，對女生來説美容養顏是非常重要的，如果想一邊運動一邊變美，也可以補充一些抗氧化的健康食品，能幫助排除運動後的老廢物質。常見的抗氧化營養素包括：維他命Ａ、Ｃ、Ｅ、（前）花青素、茄紅素等等。持續運動可以促進健康，好的營養加上運動，更可以改善體質。運動讓身體有深層的新陳代謝，是調整體質的絕佳時機。

　　而習慣自行烹調的人，「換油」可以讓抗氧化力更上一層樓：

　　第一，將炒菜油換成純苦茶油，提升Omega-9脂肪酸的攝取比例。

　　第二，減少熱炒、增加涼拌菜，用冷壓橄欖油或亞麻仁油涼拌。

邱瑜婷教練的推薦《代謝型態飲食全書》

由威廉·林茲·沃爾科特（William L. Wolcott）著作的《代謝型態飲食全書》，顛覆了傳統上「均衡飲食」的定義。他認為依照人體細胞代謝碳水化合物的速度不同，可將代謝型態分成以下三種，而最適合這三種人的「均衡飲食」比例也是不一樣的。下表簡列出比例原則。

體質	碳水化合物	蛋白質	脂肪
蛋白質型	30%	40%	30%
碳水化合物型	60%	25%	15%
混合型	50%	30%	20%

註：以上比例指的是佔一餐中總「熱量」的百分比

過度節食＋重訓更傷身

越重度的運動員越偏好低體脂率，因為那表示妳的肌肉比率提高了，很多人學重訓也是為了降低體脂率。想有效減脂，一定要從「飲食」、「運動」雙管齊下才能瘦得健康，因此飲食更顯重要。一般大眾知道的一些減重技巧，在這裡就不多說，但該注意的是，雖然增加肌肉比率就像提升「火爐」的規模，可讓熱量燒得更快，但也不宜急於求瘦，而一邊節食一邊重訓。理想的方式是用上一段的原則去排食譜，充足、均衡地攝取各種營養素，假以時日讓身體自己慢慢瘦下來，不要以

為做了1個月運動就能達到目的。如果節食太過,在運動時產生頭暈、想吐等不適症狀,其實是相當傷腎,此時腎臟為了提供妳運動用的熱量,會分泌一種「皮質醇」,造成身體更大的壓力。另外,也可能發生尿酸升高的問題,讓體液變得更偏酸性。

運動量大,一日要吃 6 ～ 8 餐

如果妳只是每天做一套力量訓練,不一定要這樣吃,但當運動的頻率越來越高時,就有必要這樣做。做法是將平時的三餐份量減少到6～7分飽,然後再加上另外三餐。原則上就是把上述的理想食譜內容平分成6個餐次,這種進食法能維持血糖值的平穩,讓妳比較容易控制運動時的血糖狀態(能量供給),也可減少胰臟分泌胰島素的工作量,來保養胰臟。

運動前、中、後的補充

容易血糖偏低的女性,比一般人更需要留意運動前30分鐘、過程中、運動後的熱量補給。

● 運動前 30 分鐘:可吃些熱量、蛋白質高的食物,份量不要太多以免胃部不適。或喝杯運動飲料也可以。

● 運動中:可隨身攜帶巧克力、糖果或運動飲料,來隨時補給。

● 運動後 30 分鐘:對於身體的修補是最重要的時刻,蛋白質的補充是最重要的!

很多女性以為此時腸胃吸收最好,所以運動完30分鐘「根本不該

吃東西」，吃了就會胖！但有研究顯示，運動完30分鐘內喝半杯～1杯「巧克力低脂牛奶」的人，比只喝水的人容易瘦。這個結果讓更多的女性大呼不可思議！

　　此時吸收的蛋白質會用在肌肉的修補，不太會儲存成脂肪。如果妳在身體需要的時候不補充熱量，身體反而會以為妳缺乏能量補給的來源，而將之後吃進去的熱量當成一種儲備，而儲存成脂肪。所以，運動完30分鐘是可以吃些蛋白質，血糖易偏低的女性也可以補充些碳水化合物，太晚吃反而容易變成脂肪。

　　另外，為了長成大肌肉，很多重訓的男性會在運動完幾分鐘內，立刻補充運動用的高蛋白粉或肌酸。邱教練說，因為長成大肌肉不是女性的目的，所以只要平常吃足蛋白質食物就可以。想要增肌的女性，靠著正確的強度鍛鍊跟充足的蛋白質也能達到目的。

　　所以，很多女性會以為重訓（力訓）很難，但其實它就只是一種更為健康的生活方式，包含鍛鍊、休養、飲食……所以不必想得很難，只要放開心胸去接受它就好了！

附錄

表：初學者的居家力量訓練處方

暖身12招（約20分鐘）		
生理功能性	**步驟與次數**	
有氧→ 啟動心肺能力	1. 跳繩或階梯	跳繩300～500下或階梯3～5分鐘
核心→ 啟動核心穩定性與關節活動	2. 正面搭橋（P47）	每次停留30秒，共三組
	3. 左側搭橋（P48）	同上
	4. 右側搭橋	同上
	5. 臀部搭橋（P49）	同上
動態伸展→ 全身暖身並增加活動靈活度	6.（左腳在前的）全世界最好的伸展（P50）	初學者一組，進階者二或三組
	7.（右腳在前的）全世界最好的伸展	同上
	8. 全世界第二好的伸展（左手朝上）（P52）	同上
	9. 全世界第二好的伸展（右手朝上）	同上
	10. 蟲蟲走路（P54）	同上
	11.（左腳彎曲的）側面分腿蹲（P56）	同上
	12.（右腳彎曲的）側面分腿蹲	同上

主訓練(至少40分鐘)

生理功能性	初學者（徒手）（各做三組） （P58～65）				進階者（搭配器材）（各做三組） （P66～79）			
	每組內容	記錄（做完請打勾）			每組內容	記錄（做完請打勾）		
		第一組	第二組	第三組		第一組	第二組	第三組
訓練上肢推與拉力	1. 推床 10 個（P58）				1.（雙手）彈力帶推力練習 10 個（P66）			
	2. 伏地挺身 10 個（P60）				2.（左手啞鈴）垂直上推 10 個（P67）			
					3.（右手啞鈴）垂直上推 10 個			
					4.（雙啞鈴）垂直上拉 10 個（P68）			
訓練下肢（髖關節）的推與拉力	3. 運動員蹲姿 10 個（P61）				5.（雙啞鈴）下肢垂直推 10 個（P69）			
	4.（左腳在前的）正面分腿蹲（P62）				6.（雙啞鈴）左腳彎曲的側面分腿蹲 10 個（P70）			
	5.（右腳在前的）正面分腿蹲				7.（雙啞鈴）右腳彎曲的側面分腿蹲 10 個			
	6.（左腳彎）側面分腿蹲 10 個（P56、63）				8.（雙啞鈴）左腳在前的正面分腿蹲 10 個（P71）			
	7.（右腳彎）側面分腿蹲 10 個				9.（雙啞鈴）右腳在前的正面分腿蹲 10 個			
	8. 左腳舉起的臀部搭橋 10 個（P63）				10.（雙啞鈴）髖關節水平拉力訓練 10 個（P73）			
	9. 右腳舉起的臀部搭橋 10 個							

				11.（可加負重）正面搭橋（撐1分鐘）（P47、74）		
訓練軀幹	10. 搭橋與山式 10 個（P65）			12. U 型核心訓練 10 個（P75）		
				13. 蝗蟲式 10 個（P76）		
				14.（右上→左下的）Chopping10 個（P77）		
				15.（左上→右下的）Chopping10 個		
				16.（左下→右上的）Lifting10 個（P82）		
				17.（右下→左上的）Lifting10 個		

收操（20分鐘以上，整套收操可重複兩次）	
坐姿前彎（P87）	
蝴蝶式（P88）	
（左腳在前的）鴿式（P89）	
（右腳在前的）鴿式	
（向右旋轉）半魚王式（P90）	每一項停留 3 ～ 5 分鐘
（向左旋轉的）半魚王式	
嬰兒式（P91）	
海獅式（P91）	
平日的疲勞恢復術	
泡棉滾筒（P94 ～ 101）	運動後伸展完即可使用，勿過度
按摩	每周深層按摩一次，每次至少半小時
熱敷、泡湯、游泳	可常常使用

重訓週記

- 本周訓練目標
- 操作方法：
    - →力量訓練
    - →其他運動
- 訓練內容備註：

- 身體感受的自我察覺

- 其他心得感想

重訓週記

● 本周訓練目標

● 操作方法：

　　→力量訓練

　　→其他運動

● 訓練內容備註：

● 身體感受的自我察覺

● 其他心得感想

國家圖書館出版品預行編目(CIP)資料

女生力量訓練的第一本書／女生力訓同好會作. -- 初版.
-- 新北市：世茂, 2015.07
　　面；　公分. --（生活健康；B393）
ISBN 978-986-5779-83-2（平裝）

1.運動訓練　2.體能訓練　3.女性

528.923　　　　　　　　　　　　　　104008329

生活健康 B393

女生力量訓練的第一本書

作　　　者／女生力訓同好會
主　　　編／陳文君
責任編輯／簡玉珊
內頁排版／菩薩蠻數位排版
封面設計／菩薩蠻數位排版
執行編輯／葉語容
模　特　兒／邱瑜婷・Cora・Joy
造型妝髮／愛戀Cherry
全書攝影／米克斯影像工作室
出　版　者／世茂出版有限公司
地　　　址／（231）新北市新店區民生路 19 號 5 樓
電　　　話／（02）2218-3277
傳　　　真／（02）2218-3239（訂書專線）
　　　　　　（02）2218-7539
劃撥帳號／19911841
戶　　　名／世茂出版有限公司　單次郵購總金額未滿500元（含），請加50元掛號費
世茂網站／www.coolbooks.com.tw
製　　　版／辰皓國際出版製作有限公司
印　　　刷／祥新彩色印刷股份有限公司
初版一刷／2015年7月

ISBN／978-986-5779-83-2
定　　　價／350元

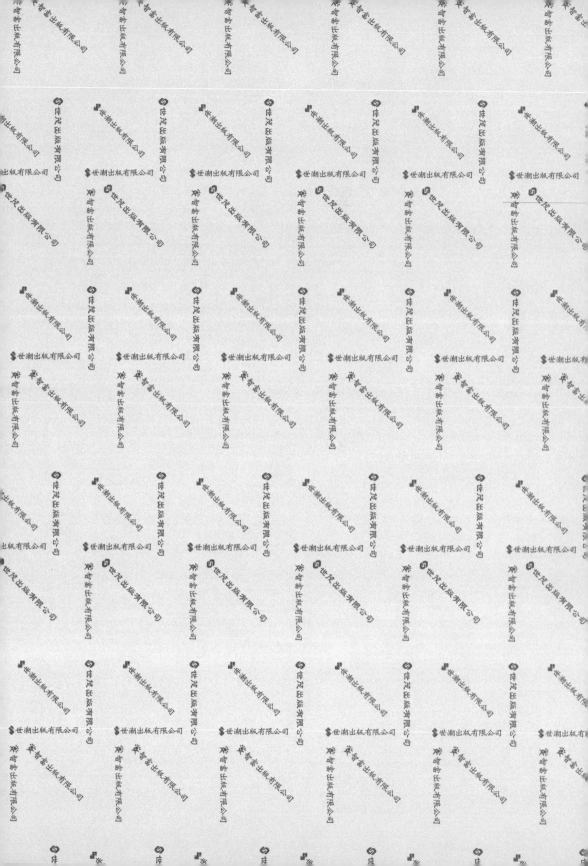